Rhapsodie pour le théâtre

PERSPECTIVES CRITIQUES
*Collection fondée par Roland Jaccard
et dirigée par Laurent de Sutter*

Alain Badiou

RHAPSODIE
POUR LE THÉÂTRE

Court traité philosophique

Presses Universitaires de France

ISBN 978-2-13-062857-6

Dépôt légal — 1ʳᵉ édition : 2014, mars
© Presses Universitaires de France, 2014
6, avenue Reille, 75014 Paris

Gloire du théâtre
dans les temps obscurs

Les années quatre-vingt du dernier siècle sont aujourd'hui communément considérées comme le tournant « néo-libéral », c'est-à-dire brutalement capitaliste, à la mode 1840, qui depuis trente ans affecte et infecte pratiquement tous les peuples du monde. La disparition, accélérée dans le cas de l'URSS dès la venue de Gorbatchev, rampante dans celui de la Chine dès la mort de Mao, de tout ce qui avait constitué le « camp socialiste » n'a en un sens été que la conséquence de ce qui s'était passé dans les années soixante-dix : l'échec des tentatives révolutionnaires qui avaient fait se lever un peu partout la jeunesse étudiante d'abord, puis des fractions étendues du monde ouvrier, et ce aussi bien dans les pays impérialistes (Mai 68, les campus américains contre la guerre du Vietnam, les tentatives armées en Italie, au Japon, en Allemagne, la révolution des œillets au Portugal…) que dans les pays socialistes (la Grande Révolution culturelle prolétarienne).

Ces mouvements demeurent le trésor historique à

partir duquel nous devons penser et que nous devons transmettre à la jeunesse inquiète et désorientée d'aujourd'hui. Mais il est vrai que d'abord, pendant les années quatre-vingt, leur repli, leur endormissement, et l'apparition dans ce creux mental, y compris chez les intellectuels, de bataillons entiers de renégats convertis aux mérites du capitalisme « démocrate », a constitué le terrain subjectif où la manœuvre réactive des maîtres du Capital trouvait de quoi se déployer sans trop s'inquiéter des résistances.

Il y a quelque chose d'à la fois ironique et instructif dans le fait qu'en France c'est, à partir de 1983, le pouvoir « de gauche », conduit par le retors Mitterrand, qui s'est chargé, après s'être présenté comme le bilan naturel des mouvements antérieurs, de mettre en route la liquidation de l'État « social » qui avait émergé entre 1945 et 1948 dans les tourments de l'après-guerre mondiale. Qui se souvient vraiment de ce que la libéralisation financière, clef de la soumission de toutes choses au marché, fut l'œuvre obstinée du « socialiste » Pierre Bérégovoy ? Qui note que le gouvernement Jospin a plus privatisé que le gouvernement Balladur ? Et, s'agissant de la question des ouvriers de provenance étrangère, question subjective fondamentale qui empoisonne littéralement toute la politique parlementaire, qui se souvient que c'est le Premier ministre socialiste Pierre Mauroy qui a qualifié les grévistes de l'usine Renault à Flins, violemment attaqués par les nervis de la direction, et certes majoritairement venus d'Afrique, de gens « étrangers aux réalités sociales de la France » ? C'est encore le Premier ministre socialiste Rocard qui a affirmé que la France ne pouvait pas accueillir toute la misère du monde. Il est vrai que déjà un maire PCF, arguant de ce que les mairies de droite « lui envoyaient tous les immigrés », avait donné l'assaut à un foyer d'ouvriers africains à coups de bulldozer.

Dans ces conditions, tenir sur l'hypothèse communiste, continuer le travail politique d'organisation des gens en dehors de toute réquisition par l'État, électorale ou autre, affirmer que le cœur de tout processus politique populaire est bel et bien constitué, aujourd'hui comme hier, par la masse des prolétaires nouveaux-venus des foyers, des chantiers, des usines et des banlieues, tout cela n'allait pas de soi. Disons qu'à tout le moins nous n'étions plus alors qu'une poignée, et que notre effort allait à contre-courant.

Ce fut dans ces temps de qualité historique médiocre que, par la médiation première de mon ami François Regnault, praticien et théoricien exceptionnel du théâtre, j'ai rencontré, comme une lumière intacte, Antoine Vitez. Une qualité tout à fait particulière de ce grand artiste était qu'il maintenait entre lui et le monde une merveilleuse distance ironique, sans que celle-ci s'oppose à des engagements particulièrement tenaces, du côté du communisme, de la pensée neuve et du soutien aux luttes populaires. Il désirait et tentait un théâtre destiné à tous sans exception, refusant qu'il faille pour cela en rabattre sur sa densité intellectuelle et sa sophistication.

C'est ce qu'il appelait, formule remarquable, être « élitaire pour tous ». Mais toujours un sourire sarcastique, une sorte de retenue savante, quelque chose qui était à la fois armé par une culture immense et désarmé par une expérience compliquée de la vie ordinaire, venait en quelque sorte mettre à distance et exposer au jugement de tous, y compris au sien, ce qu'il accomplissait sur la scène du théâtre ou sur la scène du monde.

Dans cette distance, l'amitié avait sa place, à la fois d'une parfaite constance et loyauté, mais qui n'avait pas le droit d'empiéter sur un territoire subjectif plus lointain, plus secret, dont l'ironie d'Antoine Vitez était la gardienne. J'ai été son ami, je crois, et la preuve en est la confiance tout à fait étonnante qu'il me fit. En 1984, il a monté sous forme d'opéra, avec la belle complicité musicale de Georges Aperghis, ma pièce *L'Écharpe rouge*, en plein reflux des idées communistes dont cette œuvre était nourrie, tout autant que son modèle formel, *Le Soulier de satin* — que Vitez mit en scène plus tard avec génie —, l'était de l'idée catholique. Ce fut du reste une belle tempête médiatique ! Je me souviens qu'un matin, après avoir lu les critiques de la première de ce spectacle à l'opéra de Lyon, il me dit, avec son éternel sourire ironique : « Tous les journaux disent que tu es un crétin. » Et il a ajouté, élargissant son sourire : « Ils ne le disent pas de moi. » Il a prêté des lieux, d'abord à Chaillot, puis à l'Odéon, à l'association « Les Conférences du Perroquet », créée et dirigée par Natacha Michel et moi-même, qui y a organisé de mémorables conférences avec tout ce dont pouvait encore se soutenir, chez les intellectuels rescapés du contre-courant réactif, une opposition frontale à Mitterrand. Vitez lui-même a fait dans ce cadre deux conférences tout à fait étonnantes. Sur scène, il a désiré produire deux lectures virtuoses de deux autres de mes pièces, inédites à l'époque, *Ahmed le subtil* et *L'Incident d'Antioche*. Il a participé à Chaillot à une présentation collective de mon livre de philosophie pure *L'Être et l'Événement*, dont il a lu de nombreux passages. Je me souviens, encore émerveillé, d'une lecture que nous avons donnée à deux, à Chaillot, d'une longue série de textes, poèmes et proses, de Mallarmé... Dans les temps sombres, voilà un homme sur qui on pouvait compter.

Je dis tout cela parce que le présent livre, *Rhapsodie pour le théâtre*, est absolument inséparable de cette rencontre essentielle. Empiriquement, une bonne partie du matériau textuel provient d'articles que j'ai publiés dans ce qui était alors la revue du TNP dont Vitez avait pris la direction, revue dont s'occupait tout spécialement Georges Banu, et qui s'appelait *L'Art du théâtre*. D'autre part, nombre des références théâtrales, spectacles, acteurs, auteurs, procédures de mise en scène, etc., proviennent également soit des réalisations de Vitez à Chaillot, soit de conversations avec lui et son fidèle entourage.

Je dirais volontiers que j'ai trouvé dans l'œuvre et la personne de Vitez ce qu'on pourrait appeler le « courage du théâtre », qui avait fonctionné durant toutes ces années quatre-vingt comme un contrepoison à la reculade politique dont nous tentions de limiter les effets non seulement dans la politique elle-même, au milieu de nos amis les ouvriers des foyers, des usines et des banlieues, non seulement en créant des noyaux communistes d'usine et des comités populaires, mais aussi en déployant des formes de pensée diverses, qui allaient de la philosophie pure au roman ou au cinéma, en passant, justement, par le théâtre, ce théâtre dont Vitez était pour nous l'emblème le plus incontestable.

Quand je relis ce petit livre aujourd'hui, je suis frappé surtout de ce que je ne trouve pas de passage qu'il me faudrait renier, et fort peu qui me donnent le désir de les modifier.

Bien entendu, on pourrait enrichir les références. Il faudrait sans doute s'interroger aujourd'hui sur les éventuelles limites d'un certain «classicisme», revisité et césuré par Brecht, dont pouvaient encore se réclamer entre 1960 et 1990 Chéreau comme Vitez, Peter Stein comme Strehler, même si Gruber installait déjà des puissances plus nocturnes, plus proches des densités poétiques du premier romantisme allemand. Dès la fin des années quatre-vingt, en effet, il apparaissait difficile de continuer sans désemparer dans cette voie, où prédominait une vision en quelque sorte rationnelle, lumineuse, fermement déployée en même temps que subtilement musicale, qui adressait au plus large public possible un théâtre qui, selon la maxime de Vitez, avait pour mission d'aider chacun à s'orienter dans «l'inextricable vie».

À coup sûr, en France, des metteurs en scène comme Christian Schiaretti ou Brigitte Jaques ont su assumer cet héritage et établir que ses vertus n'étaient pas épuisées. Mais déjà l'occasion nous était donnée d'expérimenter d'autres chemins, en interrogeant le travail d'artistes comme Langhoff, Marthaler ou Warlikowski, et de leur descendance, comme en France le très étrange et novateur trajet de Marie-José Malis. Dans cette constellation, qui n'est pas une école, il me semble que se fait jour la conviction que le théâtre n'est plus adossé à des Lumières stables, que le train obscur du monde doit être scruté de plus près, l'adresse au spectateur être à la fois plus impérative et plus rapprochée.

Au fond, ma *Rhapsodie* est contemporaine de l'écroulement du monde en quelque sorte apparemment clair de la guerre froide, où tout était filtré par ce que les marxistes appelaient une « contradiction principale ». À ce titre, elle témoigne de ce que des metteurs en scène, des acteurs, des décorateurs, et aussi des écrivains — comme moi —, situés dans cette époque, considèrent qu'il faut lutter par les moyens de l'art contre tout bilan facile, soit satisfait, soit désespéré, de la disparition des dialectiques simples (communisme versus capitalisme, États socialistes versus États impérialistes, Révolution versus Réforme…). Ce que Vitez lui-même appelait « la fin de l'Idée », et dont il voulait être le témoin lucide et tourné vers l'avenir. En effet, ce genre de bilans de l'épopée politique du XXe siècle, qui distribue les esprits entre une renonciation triomphaliste et moralisante (les

« nouveaux philosophes ») et un nihilisme esthétisant, commençait à répandre dans le public en général et dans la jeunesse en particulier une désorientation essentielle, qui est aujourd'hui encore dominante. En ce sens, le théâtre dont ma *Rhapsodie* est contemporaine, et dont elle nourrit ses considérations philosophiques, est un théâtre qu'on pourrait dire attaché à une didactique défensive.

Les metteurs en scène de générations plus récentes, que je nomme plus haut, sont sans doute davantage contraints que leurs aînés d'être pris dans la désorientation générale. Mais, désireux d'en élucider les formes et de passer outre, ils ont par des moyens divers renoncé à la didactique défensive. Ils s'adressent au public à mi-voix, tissent des continuités plus discrètes, évitent de trop élargir l'espace, se méfient de l'épopée. Ils tiennent que le théâtre doit avancer lentement, et économiser, sans les proscrire, les effets ou les gestes par lesquels leurs prédécesseurs avaient maintenu, y compris dans l'héritage de la distanciation brechtienne, la tradition théâtrale de la leçon, de la monstration des chemins de la vie, fussent-ils dans la forme en rejet d'un « escalier / dérobé ». Une nouvelle *Rhapsodie* devrait scruter ces efforts — dans lesquels le travail de l'acteur, la dialectique du corps et de la voix, prend encore plus d'importance qu'auparavant —, et montrer comment ils s'accordent avec la patience nue, la ténacité, la capacité de distance et de refus de la corruption spectaculaire qu'exige aujourd'hui le traitement artistique de la désorientation générale.

On pourrait aussi se demander si l'opéra n'a pas conquis, dans la dernière période, une position privilégiée du côté de l'expérimentation scénique, et si cette conquête ne représente pas elle-même une sorte de péril. Certes, dès la fin de la guerre, les productions de Wieland Wagner à Bayreuth avaient montré comment les ressources illimitées de la lumière, la puissance des lignes courbes, l'inclinaison du plateau, l'usage concerté de l'immobilité non plus comme maladresse scénique des chanteurs, mais comme forme de puissance, comment tout cela — dont je fus le témoin ébloui dès l'été 1952 — pouvait proposer au drame musical une sorte de déplacement non figuratif, une allégorie à la fois rudimentaire et enchantée, qui faisait que l'écart entre le somptueux devenir orchestral et l'incertaine prestation visuelle des chanteurs se trouvait surmonté par une sorte de magie unifiée. Plus tard, en 1979, j'eus — toujours le flair et l'amitié de François Regnault — la chance d'assister, encore à Bayreuth, à une générale du *Ring* dans la production Boulez/Chéreau. Rien de plus différent de ce qui avait fait vingt-cinq ans plus tôt le fond de mes émois d'adolescent. Chéreau imposait une précision de tous les instants, une fidélité inventive au livret, dont on découvrait la force et la variété, une historicité convaincante (le drame situé pour l'essentiel dans une sorte de XIXe siècle allégorique), et une tension dramatique savamment organisée autour de quelques moments fondamentaux.

Dans les deux cas, il s'agissait en définitive de servir l'œuvre en la disposant hors de son appropriation antérieure. Wieland Wagner voulait sortir son grand-père du culte nazi et le restituer à un universalisme presque abstrait. Chéreau voulait montrer la signification contemporaine de l'entreprise, sa dramaturgie politique latente. En ce sens, leur travail, tout à fait exceptionnel, restait dans le cadre de la didactique défensive.

Je ne suis pas sûr qu'aujourd'hui l'opéra, devenu une sorte de musée théâtral, un conservatoire des fastes périmés, puisse servir de la même façon à un renouveau proprement historique de la mise en scène de théâtre. Il y a sans aucun doute des réussites tout à fait remarquables, je dirais même : *trop* remarquables. Comment ne pas céder à la pression presque insoutenable qu'arrivent à maintenir sur le plateau, par des moyens d'une virtuosité confondante, de grands artistes comme Jan Fabre (*Tannhaüser*), Romeo Castellucci (*Parsifal*), Dmitri Tcherniakov (*Le Trouvère*) ? Le remaniement complet des lieux et des situations — *Le Trouvère* entièrement situé dans un salon, le Venusberg rempli de femmes enceintes nues, avec en décor un agrandissement de l'échographie des fœtus, le troisième acte de *Parsifal* changé en une sorte de manifestation populaire ininterrompue — impose sa puissance, déroute nos routines visuelles, régénère l'œuvre épuisée par trop de vaines représentations. Mais le gain proprement théâtral est-il assuré ? Ne s'agit-il pas de tromper la désorientation par des *changements à vue* d'une rare perfection, mais qui dissimulent, dans leur luxuriance, dans leur cérémonieuse ornementation, une sorte de consentement à ce qui est? C'est en tout cas la question à laquelle une nouvelle *Rhapsodie* devrait essayer de répondre.

Plus généralement, il faudrait prendre position au regard des tendances qui assument une négativité explicite, une position « hypercritique », et que je rangerais volontiers, dans les deux formes ayant pignon sur rue de la désorientation contemporaine — satisfaction démocratique et nihilisme inactif — du côté de la négation vaine. Apologie du corps érotique et supplicié contre l'abstraction froide du texte, interpénétration de tous les arts, vidéos à tout-va, le nu comme seul vrai costume, le cri plutôt que la diction, la mobilisation des « arts populaires », rap et tag, publicité et pornographie, goût décoratif pour la ruine, la pissotière, la cave… Oui, oui, je sais, en stigmatisant tout cela, on fait figure soit de néoclassique réactionnaire, soit de vieux bolchevik gourmé. Justement: une nouvelle *Rhapsodie* devrait s'engager sur ce point sans prôner quelque retour en arrière que ce soit. Entre le ronron du faux théâtre et la caricature nihiliste, entre le consentement adipeux et la grimace inutile, on peut, on doit, trouver le passage.

Le théâtre existe, exige, exténué peut-être, exilé souvent, mais encore et toujours capable d'exceller dans ce dont il est le seul à proposer de fortes images didactiques sans dogmatisme, leçons d'aucun Maître, identifications à distance: la relation mouvante entre les consciences incarnées et la pression de la famille, de la propriété privée et de l'État. On ne refera pas Vitez, mais ceux qui l'ont entendu sont sur la brèche, et veulent toujours faire advenir entre la scène et la salle une dialectique où ont chance de se transmettre, intimement liées, la clarification de l'inextricable vie et l'orientation possible de l'Histoire.

I

C'est un partage du monde qui en vaut un autre que de constater qu'existent, qu'ont existé, des sociétés avec théâtre, et d'autres sans. Et qu'à l'intérieur de celles qui ont connu cet étrange lieu public, où la fiction se consume en événement répétable, il y a toujours eu réticence, anathèmes, excommunications majeures ou mineures, en même temps qu'enthousiasme. Plus singulièrement, au soupçon spirituel qui frappe le théâtre, s'est toujours juxtaposé le soin vigilant de l'État, si bien que tout théâtre fut, de l'État, une des affaires. Et le demeure !

Ce partage, territorial et mental, qui ne voit qu'il a en outre le mérite de se disposer par le travers de celui, trop saturé, de l'Occident et de l'Orient, ou du Nord et du Sud ? Car à l'extrême de cet Orient brille un théâtre d'exception, cependant qu'il s'élide en Islam, généralement. « Généralement » : on ne saurait exclure de la théâtralité universelle les drames sacrés où le chi'isme iranien accordait à la Présence son martyre fondateur.

Scandale cette fois habité d'une hérésie. Mais tout vrai

Théâtre est une hérésie en acte. Son orthodoxie, j'ai coutume de l'appeler le «*théâtre*» : rituel innocent et prospère, dont le Théâtre se détache en foudre peu probable.

II

Autre remarque pour donner le branle : s'il y a du cinéma partout, c'est sans doute qu'il ne requiert nul spectateur, seulement les murs d'un public. Disons qu'un spectateur est réel, un public n'étant qu'une réalité, dont le manque est aussi plein que le plein, puisqu'il ne s'agit que de compter. Le cinéma compte le public, le théâtre compte sur le spectateur, et c'est au défaut de l'un et de l'autre, par un paradoxe ruineux, que la critique invente le spectateur d'un film et le public d'une pièce. François Regnault déchiffre le spectateur dans le lustre ; il est, ce lustre, le contraire du projecteur.

III

On vit une fois l'œuvre cinématographique complète de Guy Debord, laquelle, significativement, avait paru en livre, être projetée sans relâche, en son cœur le superbe *In girum imus nocte et consumimur igni*, indifférente au vide ou au plein (non pas le lustre, le fauteuil), dans un cinéma de Paris. C'était par la grâce amicale de Gérard Lebovici, que des tueurs, depuis, trouvèrent excellent d'abattre (l'homme d'une telle idée de l'amitié dans l'art est, il faut le dire, toute autre considération suspendue, un peu suspect d'emblée à qui traficote avec les ombres). Ce pur moment temporel est à la gloire du cinéma, qui peut survivre aux hommes. Il est tout à fait étranger au théâtre, lequel n'a pas lieu sans spectateur, puisque alors la représentation (mot que nous mettrons au supplice) se change en une répétition supplémentaire — à l'inverse des « couturières » et autres « filages ultimes », qu'un peu trop de réel spectateur verse de la répétition dans l'avoir-eu-lieu prématuré du spectacle.

IV

Au cœur des années rouges, vers 1971-1972, un groupe d'intervention culturelle, le groupe Foudre, entreprit de faire quelque tapage contre les premières pustules de la maladie « révisionniste » concernant le bilan de la dernière guerre mondiale. Des films comme *Lacombe Lucien* ou *Portier de nuit* fictionnaient l'équivoque entre bourreau et victime, innocentaient les choix criminels, et on a vu ce que cela donnait depuis. Le groupe Foudre alla donc de bon cœur conspuer et interrompre ces inquiétants navets. Ah! la charmeuse allégresse, la santé polémique de cette époque! Le mot d'ordre, à l'instant inventé, fut: «À bas l'obscurantisme des salles obscures!» L'erreur en était qu'il n'y a d'obscurantisme que public, et que le cinéma, s'il en a l'apparence, n'est, au rebours du théâtre, nullement un lieu public. Ce que couvre l'obscurité, c'est l'individu privé, auquel tout de même on ne peut sans excès dénier son droit à l'obscur. Il est inutile d'intervenir au cinéma, car ne s'y trouve aucun spectateur, et par voie de conséquence aucun public. Industrie privée, le cinéma est *aussi* un spectacle privé. Le temps de la projection est celui d'un rassemblement inconsistant, d'une collection sérielle. Le cinéma, désintriqué de l'État, ne propose aucune signification collective. Justifié dans sa polémique, plein de joie dans son action (Ah! les jets d'encre sur l'écran où paradaient, survoltés par l'affreux John Wayne, des parachutistes coloniaux dans la légumineuse titrée *Les Bérets verts*!), le groupe Foudre errait sur le site: le théâtre seul est adossé à l'État, le cinéma n'est que du Capital. Le premier surveille la Foule, le second disperse les individus. L'intervention politique culturelle, rêvée par le groupe Foudre, n'a qu'une destination possible: le théâtre. Encore y risque-t-elle d'être plus théâtralisée que politisée.

V

Donc, le théâtre est une affaire d'État, moralement suspecte, et qui exige un spectateur. Voilà ce que nous savons.

On se guiderait mieux dans tout cela, je le dis une fois pour toutes, par un usage méthodique de ce presque complet traité du théâtre moderne qu'est le livre de François Regnault, *Le Spectateur* (Éditions Beba). On s'y guiderait d'un autre biais que le mien : celui de l'homme de théâtre, qu'est Regnault, et que je ne suis pas.

Le spectateur… Point de réel qui fait qu'il y a spectacle, et qui est, nous indique Regnault, le visiteur taciturne et hasardeux d'un soir.

VI

À moins d'avoir recours à Mallarmé[1] dont, après tout, le fameux Livre (nous le savons par les calculs d'apothicaire rêveur où il dénombrait les assistants nécessaires) avait forme de Représentation.

Mallarmé soutient qu'à son époque (la nôtre vaut exactement aussi peu) il n'y a pas de réel historique, faute de collectif politique déclaré, et que par

---

1. Les notes se trouvent en fin de volume.

conséquent le théâtre concentre tout ce qui de l'action nous est accessible. Les voici dans son style, ces deux axiomes qu'il suffirait à toute pensée contemporaine du Théâtre de méditer, d'expliciter :

— Un présent n'existe pas, faute que se déclare la Foule.
— L'action ne transgresse pas le Théâtre.

Ajoutons, leçon de Regnault, qu'en lui, le Spectateur, gît la Foule déclarée et l'Action intransgressible. À lui, tout est dédié.

VII

Le théâtre se distingue ainsi selon l'État, dont il est une affaire (mais pourquoi ?), la Morale, dont il est un suspect (mais pourquoi ?) et le Spectateur, dont il tient son réel, soit : *ce qui interrompt les répétitions*. Sur ce point, l'essence du théâtre, c'est qu'il y a *la première*. Qu'il y ait la deuxième, si redoutée des acteurs, touche à l'État. Qu'il y ait la troisième suppose que la Morale ne l'a pas empêchée…

Mais aussi bien le théâtre n'est fait de rien de tel. Car le théâtre est un agencement matériel, corporel, machinique. Ces majestueuses instances (État, Morale, Public), comment en viennent-elles à s'arrimer à la matière défaite et nomade d'une opération si outrageusement artisanale ? Quoi ? Du papier découpé, des chiffons, un lumignon, trois chaises et un diseur de faubourg, et vous soutenez que la puissance publique, les mœurs, la collectivité sont mises tant en demeure qu'en péril ?

Commencez d'abord par la stricte énumération des « parties du théâtre », comme Aristote parlait des « parties des animaux ». Montrez l'Animal, avant de conclure, tel un Mallarmé raccourci, à son « essence supérieure ».

VIII

Posons qu'il y a théâtre dès lors qu'on peut énumérer : premièrement, un public rassemblé dans l'intention d'un spectacle ; deuxièmement, des acteurs physiquement présents, voix et corps, sur un espace à eux dévolu, où le rassemblement du public les considère ; troisièmement, un référent, textuel ou traditionnel, tel que le spectacle en puisse être dit la représentation.

La troisième condition exclut du théâtre le mime ou la danse, dès que composant tout le spectacle, et aussi l'improvisation pure et irrépétable. Il s'agit là d'exercices de théâtre, ou d'ingrédients, et non de théâtre.

La deuxième condition est intolérante à l'idée d'un théâtre d'objets, ou à la production purement mécanique des paroles. Un magnétophone peut figurer sur la scène, comme on voit dans *Les Séquestrés d'Altona* de Sartre, ou mieux dans *La Dernière Bande* de Samuel Beckett. Mais c'est l'interlocution de l'acteur et de la machine qui fait théâtre. La machine, seule, n'y pourvoit point.

La première condition exclut qu'on prétende faire du théâtre par la simple théâtralisation, de rue ou de chambre, de la vie telle qu'elle va. Nous exigeons une convocation spéciale, et une volonté d'y répondre. Qu'il faille un public rassemblé interdit le théâtre pour personne, mais non pas pour un seul, car, entrant dans le lieu de théâtre pour y tenir sa place, il se rassemble avec lui-même.

IX

Mais voici qu'à cette description élémentaire s'en surimpose une autre, comme si le théâtre était isomorphe à cette *activité* singulière qu'on nomme « politique » (je ne parle pas ici de la monotone gestion de l'État).

Car nous pourrions poser qu'il y a politique quand font nœud trois choses : des masses soudain convoquées à une consistance inattendue (des événements) ; des points de vue incarnés dans des acteurs organiques et nommables (de l'effet de sujet) ; une référence de pensée autorisant que soit fait discours du mode sur lequel les acteurs spécifiés sont tenus, encore que distants, dans la consistance populaire dont le hasard les requiert.

Le troisième point écarte de la politique ce qui n'est que fureur aveugle, élancement non discursif. Ce sont là les matières de la politique, non son essence. Le social comme tel n'est pas la politique, quoiqu'il soit exigible, ni ne le sont l'institutionnel, pris séparément, ou le national comme instinct d'une place ou d'une identité.

Le deuxième point refuse l'existence d'une politique unanime, indivisée, massive. Toute existence de la politique organise une scission. Pas de politique apartidaire.

Le premier point, à l'inverse, exclut qu'un jeu raisonnable des institutions soit à lui seul politique. Il y faut un réel hasardeux, lequel s'avère dans la coupure dispersive de ce qui, de l'État, régente ordinairement la passivité générale, l'invisibilité symbolisable du réel de l'Histoire.

Public, acteurs, texte-pensée : la politique serait-elle ce dont l'Histoire n'est que la scène ? Idée trop romantique ? Il faut en venir aux effets de ces axiomes, notant au passage que ceux de Mallarmé engageaient déjà et la Foule (manquante) et l'Action (restreinte).

X

Des trois conditions élémentaires du théâtre (public, acteurs, référent textuel), qui sont des conditions *a priori* ou transcendantales, on déduit de très nombreuses conséquences.

La première condition suffit pour imposer qu'il y ait toujours un décor. Une arène nue entourée du public fait décor de théâtre de ce public même. Si la scène est à l'italienne, tout fond fait décor, si désolé soit-il. Quand, au début des *Euménides*, dans la mise en scène de Peter Stein, le prêtre d'Apollon peint en blanc le panneau du fond, il désigne l'action pure d'un décor.

De ce qu'il y a au moins un acteur s'infère qu'il y a au moins un costume. La nudité n'y fait pas exception, qu'elle soit insignifiante (souvent) ou saturée.

L'existence d'un référent, textuel ou autre, contraint le metteur en scène, même s'il se réduit aux effets d'une tradition, au directeur de troupe, au collectif « autogéré », ou à celui qui, frappant les coups d'ouverture, garantit que tous les éléments sont rassemblés à l'heure dite.

Lieu, texte ou son tenant lieu, metteur en scène, acteurs, décor, costumes, public sont les sept éléments obligés du théâtre.

XI

L'isomorphie théâtre/politique ne nous abandonne pas au point de cette liste.

Car les trois obligations de toute politique (événement massif, organisations, pensée-texte) ont elles aussi des conséquences réglées.

La première fait que l'État est le décor imprescriptible de la politique. Car c'est de sa subsistance dans sa dissémination, dans son aléatoire soudain, que s'ordonnent les masses du hasard. La politique a pour origine cet événement viable de l'État qu'est sa mise en demeure de re-prouver qu'il est légitime. Du symbolique est ici frappé, parce qu'il devient manifeste que son universalité est purement contingente. Cette imprévisible visibilité de l'État comme séparation peut-être illégitime est l'horizon du déploiement des foules. La deuxième obligation (toute politique est organisée) induit qu'il n'y a pas de politique sans l'efficace de noms propres, ceux des chefs politiques. Le corps et la voix de ces acteurs, ultimes concentrés des divisions organiques — toute politique existe contre d'autres politiques —, sont des opérateurs cruciaux. Par exemple, la mort de l'un d'entre eux suspend, longuement ou comme la foudre, le cours des choses. L'agonie interminable, le meurtre ou l'abdication sont des figures inéluctables et majeures. Ce que profère, sur tel ou tel ton, le chef politique résume les causalités, dans l'illusion qu'il les prodigue.

Le chef politique est une pensée visible, ce par quoi la politique touche, en deçà de ce qu'elle représente, à la présentation même, donc à l'Être et à sa vérité (comme au théâtre l'acteur se soutient d'une éthique du jeu où quelque vérité scintille et s'éclipse).

Enfin la troisième obligation, celle des référents et des textes, inclut dans l'action politique la fonction historisée du discours et de ses servants nominaux, les penseurs morts, dans leur corrélation arrêtée à une séquence de la politique réelle.

XII

C'est sans doute une singularité du marxisme d'avoir posé, tout comme il se proposait d'en finir avec la distinction du législatif et de l'exécutif, que les penseurs, les référents et les acteurs devaient fusionner, et le faire, à la fin, aux dimensions des masses. En quoi les trois obligations semblent n'en plus faire qu'une. C'est que le marxisme est la politique d'une certaine fin de la politique.

Il y a eu un théâtre de la fin du théâtre. Il était convivial et potentiellement orgiaque. Mais théâtre et politique continuent : ils peuvent être ou ne pas être, non point cesser.

XIII

Donc : lieu, texte, metteur en scène, acteurs, décor, costumes, public sont les éléments, déductibles *a priori*, du Théâtre.

Et organisations, référents textuels, penseurs, noms propres, État, points de vue contrastés, masses événementielles sont les ingrédients obligatoires d'une situation politique.

Ces ingrédients ne se réalisent comme politique effective que dans une fidélité événementielle. Ils n'autorisent pas à représenter la politique comme une permanence. La politique *a lieu*, de temps à autre. Elle commence, elle s'achève. Et pareillement, de ce que la production de théâtre exige la présence simultanée et ordonnée de ses sept éléments résulte, et c'est une trivialité essentielle, qu'un spectacle de théâtre commence et s'achève. La représentation *a lieu*. C'est un événement circonscrit. Il ne saurait y avoir de théâtre permanent, cet adjectif est de cinéma, à la rigueur d'exposition. Que l'on joue le spectacle deux fois de suite n'y change rien. Il est deux fois Un, et n'accède ainsi à nulle permanence.

Enfin, un spectacle lui-même est périssable par nature. Il peut certes être répété un bon nombre de fois. Mais tout en lui, ou presque, est mortel. Les sept éléments sont appelés à se disséminer, et il ne reste à la fin que le référent textuel, qui par lui-même n'est pas théâtre, tout au plus incitation à le faire exister.

XIV

La complète précarité temporelle du théâtre — mieux repérée que celle de la politique, dont on se console prématurément par la solidité quasi intemporelle de l'État — inquiète les auteurs et les metteurs en scène.

Les premiers, surtout depuis un siècle, multiplient les indications de décor, d'interprétation, de mouvements, de costumes, comme pour fixer *ne varietur* dans le référent textuel l'essentiel des autres éléments. Il n'est pas jusqu'au public qui ne soit par eux prescrit : Genet en décrit les variantes dans l'avant-propos des *Nègres*, et, dans ses projets de présentation du Livre, Mallarmé en dénombrait maniaquement les dispositions. Les auteurs de théâtre voudraient écrire non pas seulement une pièce, mais sa représentation. Quoique intelligible, ce désir est vain. Le théâtre, qui exige l'écrit, ne cesse pas de ne pas s'écrire. Comme la pièce, l'auteur est toujours joué.

Les metteurs en scène sont parfois chagrins de l'impermanence. Ils voudraient soit que le Drame, comme dit Mallarmé, ait à peine lieu, « le temps d'en montrer la défaite, qui se déroule fulguramment », soit, comme le tenta Bob Wilson, qu'il dure indéfiniment. Ni toutefois l'éclipse, ni la consistance contemplative de la durée pure ne sauvent le théâtre de sa finitude étendue, de sa longue brièveté. Aucun art n'est aussi peu κτῆμα εἰ ἀεί (*trésor pour toujours*).

Aucun non plus n'épingle ainsi l'intensité de ce qui advient.

XV

Mais allez-vous nous dire, à la fin, ce que sous-entend votre analogie d'énumération entre le théâtre et la politique ? Que la politique est théâtre ? Vous annonciez que cette conclusion est trop romantique pour valoir.

Oui, car c'est plutôt le contraire. Certes, un meeting en temps d'émeutes est essentiellement théâtral, et jusqu'au détail. Tout cependant marche dans l'autre sens : c'est le théâtre qui figure, dans le cercle de sa répétition provisoire, les composantes nouées de la politique.

Le théâtre est le re-nouement figuratif de la politique, et cela ne dépend pas de son sujet.

Examinez à partir de ce retournement la difficulté qu'il y a à faire théâtre de la politique réelle. Lénine ou Mao sur la scène, ça ne va jamais loin. Le Robespierre de Büchner est, à mon avis, une fiction rêveuse qui pourrait s'appeler Dujardin ou Bassompierre.

Évidemment, César ou Alexandre seront plus commodes : conquérants antiques, ils sont assimilables à Apollon ou à Thésée.

Si vous voulez le re-nouement figuratif de la politique, prenez la légende, ou ce trésor légendaire de l'anecdote historique : Plutarque. Car, pour les autres, la politique pourvoit elle-même à sa présentation comme à sa représentation.

XVI

Ni l'isomorphie à la politique (toute distance figurative gardée), ni la liste des sept éléments n'identifient le théâtre dans son être. On sait depuis Platon qu'aucune liste ne fait une essence, et qu'aucune analogie ne fait une Idée.

On pardonnera au philosophe quelques barbarismes clarifiants. Appelons *analytique* du théâtre ce qui concerne l'agencement des sept termes précités. Appelons *dialectique* du théâtre qu'il lui faille singulièrement citer au tribunal d'une *moralité* un *spectateur* sous l'œil de *l'État*. Je dirai que le propos du feuilleton conceptuel dont j'annonce l'intrigue est de découvrir, ici et maintenant, le *générique* du théâtre, soit ce que la traversée de ses éléments (analytique) par une occurrence événementielle de son défi (dialectique) peut produire de vérité.

Ou, si l'on préfère *voir* : il s'agit de penser la corrélation des colonnes, dans le tableau ci-dessous :

THÉÂTRE	
Analytique (éléments)	Dialectique (en-jeu)
Texte	État (situation de la représentation)
Metteur en scène	
Acteur	Éthique du jeu (provocation de la présentation)
Décor	
Costumes	
Public	Spectateur (support possible de la Vérité)

L'agencement productif des éléments de l'Analyse est (ou n'est pas) l'événement d'où procèdent quelques vérités, par la diagonale des figures de la Dialectique.

Une représentation est alors une enquête sur la vérité, enquête dont le Spectateur est le sujet évanouissant.

XVII

S'il fallait trouver quelque ordre dans les fragments de pensée qui vont suivre, peut-être serait-il donc celui, traditionnel, en trois parties, selon les articulations de la Dialectique.

1. Du théâtre comme affaire d'État. Je voudrais dire qu'à l'aise avec les princes, et fondé au régime de la démocratie d'agora, le théâtre est indécis, ou frappé non pas du règne de la télévision, comme on le prétend, mais du peu d'être politique où se résout l'électoral. Du théâtre, donc, malade des parlements, et soigné par les syndicats de toute nature comme on l'est, sur scène, par les médecins de Molière (on posera que le ministère de la Culture fait partie des syndicats).

En tant qu'art : le théâtre, déliant avec virtuosité les liens du désir politique, mais inapte à s'accommoder du social, quoiqu'il y soit contraint.

2. Du théâtre comme enjeu d'une éthique — et d'abord de l'éthique du jeu, si rare, et bouleversante. Je

voudrais dire qu'habitué par le Comique à prononcer que ce qui vaut n'est que semblant, par le Tragique que ce qui sauve est cela même qui perd, le théâtre respire difficilement dès lors que c'est le semblant qui a valeur, et que tout salut est dans la fuite. Ce qui est le non-esprit du temps.

3. Du théâtre comme éclipse et incise d'un spectateur au moins. C'est au public cette fois (à sa notion, non à son nombre, ou à son existence) qu'il faut s'en prendre, lequel, hyperboliquement, est affecté, ou infecté, de paresse, seul vice dont le théâtre, qui les connaît tous, ne peut s'accommoder, et ce précisément parce qu'il doit plaire, et purger les passions. Aucun effet de vérité, pas même celui du faste scénique, ne peut purger le paresseux de sa passion : l'ignorance.

Ou, comme me le disait Antoine Vitez — le théâtre lui a appris cette vérité profonde : l'essence de la canaillerie, même de la pire, celle du bourreau, c'est la paresse, c'est de vouloir « vivre » sans travailler ni penser.

XVIII

Oui, au fond, c'est cela qui me plaît : que parler aujourd'hui du Théâtre, coincé qu'il est entre le ministère et le divertissement « culturel », oblige à écrire une sorte de manifeste contre les paresseux. Toute société de productivité a sans doute la paresse intellectuelle, la répugnance pour la pensée comme passion dominante (cette passion que Lacan le premier identifiait, corrélée à la haine et à l'amour, comme passion de l'ignorance).

L'impasse du théâtre nous permet de machiner une *désorientation* de la paresse. Ou sa mise au miroir. Spectateur ! Tu es ce point précieux où la pensée se fait velours, ombre, silence.

Le théâtre peut *montrer* la laideur du paresseux (on braquera le projecteur sur son attaché-case, sur tous les emblèmes de son travail incessant de paresseux, de son infini labeur harassant pour qu'au point suprême du Temps la pensée fasse défaut).

L'aridité du théâtre comme glacier miroitant où, venu innocent aux soirs de la Culture, le paresseux (l'intellectuel ? le cadre ? la Femme ? le critique ?) nous est visible comme coalescence de lui-même et de ce qui, monétairement, induit en tous lieux l'extinction de tous feux.

XIX

L'EMPIRISTE. — Il y a aussi de la paresse dans votre façon de procéder. On se donne le luxe de faire briller l'événement, le précaire, la scintillation, mais on ne fait qu'empiler des concepts. C'est le sommeil dogmatique.

Moi. — Que voulez-vous ? Des exemples ? Des spectacles ? Des esquimaux glacés ?

L'empiriste. — Que vous preniez quelques risques, ici et maintenant.

Moi. — Indiquez-moi le champ de bataille.

L'empiriste. — Vous opposez le « *théâtre* », simple combinaison analytique des sept éléments…

Moi. — Je n'ai rien dit de tel, du moins jusqu'à présent.

L'empiriste. — Mais je sais vous prévoir. Ce « *théâtre* », donc, vous l'opposez au Théâtre, qui met en mouvement la dialectique — la « diagonale », dites-vous dans votre jargon — de l'État, de l'Éthique et du Sujet (le spectateur). Dites-moi, ici et maintenant, c'est quoi, le « *théâtre* » ? Et le Théâtre ? Distribuez un peu des bons points et des mauvais points, qu'on y voie clair.

Moi. — M'autorisez-vous une ultime dissertation ?

L'empiriste. — Si elle se rapporte à mon défi, exclusivement.

Moi. — Il s'agit du lien entre le « *théâtre* » et la propriété privée !

L'empiriste. — Du marxisme vulgaire, maintenant ! Infrastructure et superstructure ! Vous vous moquez du monde !

Moi. — Laissez-moi une chance.

L'empiriste. — Tout de suite après votre dissertation, vous me donnez une liste concrète de spectacles réels des dix dernières années qui sont, à vos yeux, du Théâtre, et non du « *théâtre* ».

Moi. — Ce n'est pas exclu.
L'empiriste. — Dogmatique, mais prudent. Bon, allez-y.

XX

Il existe un théâtre privé, prospère, constant. Il est multiplié, fidèlement, par la télévision (*Au théâtre ce soir*). Il fournit au cinéma d'innombrables, de triomphales adaptations. Entre sa scène et les écrans de tous formats circulent sans répit les dialogues, les intrigues, les rôles et les acteurs. Il boucle ses budgets sans subvention. On l'appelle le « théâtre de boulevard », sans qu'on puisse décider si c'est à lui que cette appellation fait tort, ou aux boulevards. De Guy de Létraz à Harold Pinter, il a ses nuances, ses gammes basses et hautes, comme les voitures. À sa manière, il est complet, et c'est le plus souvent ce qu'il affiche, contrairement à beaucoup de salles nationales, régionales ou municipales.

Ce qui est intéressant, et nullement inférable d'aucune évidence, c'est que ce théâtre compte pour du beurre. Au regard du lien entre la Culture et l'État, des problèmes syndicaux de la représentation, des apories de la forme, des scandales du sens, de la surveillance despotique, ce théâtre est aussi bas que l'industrie filmique courante. Beaucoup de spectacles de ce circuit privé, applaudis par la bourgeoisie boutiquière, gras comme du lard à lentilles, convenus comme un *Ave Maria*, téléphonés par des acteurs dont tout l'effet est dans la trépidation ou le ralenti, sont, dans leur genre, mieux bouclés, ficelés, empaquetés qu'un grand nombre de cadavéreuses « créations » du circuit culturel, sans compter la mise à mal des classiques — ainsi ces *Cid* et *Athalie* de mon enfance, qui tournaient pour les matinées lycéennes, et dont à eux seuls on tirerait, gravure sur leur tombeau, des leçons cruciales quant à la connexion d'État entre la pédagogie, les comités d'entreprise, le répertoire classique, les productions théâtrales dans le style *Capitaine Fracasse*, et la capacité des potaches à transformer en émeute une cérémonie —, que les bonnes intentions modernisantes laissent efflanqués et opaques. Mais ces comparaisons sont vaines, justement parce que, faites en apparence de genre à genre, elles le sont en réalité de lieu à lieu. Privé, scindé des conversations dont *Le Nouvel Observateur* est le régent, interdit des salles de professeurs (et par ailleurs, en effet, indigne, répugnant, mais ce n'est pas ce qui compte), le boulevard est désétatisé, exclu du syndicat, mauvais objet du théâtre, faux théâtre, « *théâtre* » pour rire. Étatique, référentiel d'opinion, médié par le crédit, le budget, l'institution, digne et voué à l'instruction des foules, le théâtre public, le théâtre national, régional, départemental (comme la muse) ou municipal organise un sujet-spectateur, juridiquement culturel, même s'il est empiriquement creux. Le théâtre du sens veut un ministre, c'est-à-dire des subventions pour la surveillance culturelle de l'État républicain. Le théâtre de boulevard, théâtre de l'indécence, ne peut vouloir que d'obscènes recettes.

XXI

L'EMPIRISTE. — Exécutez-vous.
MOI. — Encore une dissertation, une seule ! Elle touche directement le sujet. Elle est sur Théâtre et « *théâtre* ». Laissez-moi revenir sur le Bien et le Mal, avant de distribuer les bons et mauvais points.
L'EMPIRISTE. — Le Bien n'est que le trait commun des choses bonnes, le Mal celui des mauvaises. Comment aller du Bien au bien ? Il n'y a Théâtre qu'autant qu'il y a des spectacles de Théâtre, et « *théâtre* », de « *théâtre* ».
MOI. — Faites une concession à mon goût de l'*a priori*.
L'EMPIRISTE. — C'est la dernière.

XXII

J'appelle Théâtre, sans guillemets, une production qui machine les sept éléments constitutifs de toute analytique du théâtre (ou aussi bien du « *théâtre* », l'analyse ne peut distinguer), de telle sorte qu'elle se prononce sur elle-même et sur le monde, et que le nœud de ce double examen convoque le spectateur à l'impasse d'une pensée.

Il y a en revanche un « *théâtre* » qui comble, un « *théâtre* » des significations établies, un « *théâtre* » auquel rien ne fait défaut, et ce « *théâtre* », abolissant le hasard, induit chez ceux qui haïssent la vérité une satisfaction conviviale. Ce « *théâtre* », inversion du Théâtre, est reconnaissable à ce que ceux qui viennent y exhiber leur jouissance, salace ou confite, sont marqués d'un signe identitaire, qu'on le nomme de classe, ou d'opinion. Le vrai public du vrai Théâtre est en revanche générique, je veux dire indiscernable prélèvement atypique sur ce que Mallarmé nomme « la Foule ». Seule une foule peut faire un Spectateur, au sens où le désigne François Regnault, soit celui qui s'expose, dans l'écart d'une représentation, au tourment d'une vérité. Il faudrait donc dire ceci : certains publics, complices de certaines représentations, manifestent leur haine du Théâtre par leur ferveur d'assistance au « *théâtre* ».

XXIII

Il existe une haine du Théâtre, spécifique, dont toute âme est capable. Le Théâtre est, de tous les arts, le plus haï, sous le couvert de l'adoration qu'on voue au « *théâtre* ». Il y a des fois où l'on casserait son siège de rage et de haine, où l'on se précipiterait au Boulevard pour se consoler de tant de tourments et d'efforts.

Heureusement, il y a peu, très peu, de Théâtre, car le « *théâtre* » nous en protège le plus souvent. Comme aujourd'hui la politique, à laquelle toute instance collective de la pensée dans le temps fixe et le lieu matériel d'une intervention est isomorphe, le théâtre est presque évanoui, en sorte que la tension pour le découvrir et le soutenir est extrême.

De même que la forme parlementaire de la politique, cette commodité sans concept, rend presque invisible et intenable, par l'épaisseur du consensus qu'elle organise, une politique véritable, apte à penser au lieu où elle s'effectue, de même l'omniprésence du « *théâtre* » dissimule la haute, la supérieure exigence du Théâtre.

XXIV

Toutefois, le théâtre existe — la politique aussi. Je dirai qu'un théâtre est possible. C'est de cette possibilité que nous parlons quand nous relevons, chez les critiques comme dans le public, la haine vigilante que suscite le théâtre, et l'effort incessant pour en supprimer les conditions.

« Conditions » est ici plus fort que « éléments », au sens de l'analytique (les sept éléments : lieu, texte, metteur en scène, acteurs, décor, costumes, public). « Conditions » veut dire : les éléments, mais renommés dans leur tension, leur prescription, leur difficulté. Les éléments tels qu'ils rendent possible *aujourd'hui* la dialectique de l'État théâtral, de l'éthique du jeu et du sujet-spectateur.

On pourrait opérer cette sur-nomination des éléments, on pourrait dire : il n'y a Théâtre (et non « *théâtre* ») que dans la conjonction du texte qu'il suscite — donc, un texte d'aujourd'hui —, de la division qu'il instruit, de la pensée hasardeuse d'un metteur en scène pour qui ce texte — je reprends une expression d'Antoine Vitez — est le filtre d'une divination, d'acteurs aptes à déployer le point de départ réel qu'eux seuls constituent, plutôt qu'à faire montre des rhétoriques du corps et de la voix, et d'au moins un Spectateur.

Sous ces conditions, il se peut qu'on trouve le processus d'une vérité, d'une élucidation dont le spectacle soit l'événement. La haine se manifestera dès lors à coup sûr, de ce qu'il est proprement impossible de simplement regarder ce qui là se passe. Car sous ces conditions, le théâtre vous fait savoir que vous ne sauriez innocemment rester *à votre place*.

XXV

La haine du Théâtre, louée dans l'amour du «*théâtre*», est au fond une haine de soi. On est celui qui, venu pour la fadeur rituelle d'une autocélébration, petits rires, culture, figures reconnaissables, pied en avant, répliques «qui font mouche», sublimes décors, communion d'entracte, doit soudain, au rompu de la chose, dans le suivi de trajets soustraits au calcul, passer par les chicanes du désir, voir s'éclipser son objet, et tomber, dans l'impasse de la forme, sur quelque réel inapproprié. Pour ne pas endurer tout cela dans une désagréable commotion, et pour ne pas non plus l'éviter par la facile procédure de l'ennui, il n'y a d'autre ressource qu'une attention volontaire et un exercice soutenu, quoique latent, de la pensée.

Le paradoxe du théâtre, qui l'expose à la haine, est qu'il se présente comme un faste figuratif, un enchaînement de solidités, un temple culturel, mais que, s'il n'est pas «*théâtre*», il est bien plutôt tout de fuite et de hasard, art difficile, spécialement intellectuel, dont le Spectateur est le point vide d'où s'initie, sinon le rien dont l'ennui est l'existence, la fragile minute d'une pensée. Tant de beautés apparentes ou promises pour un aussi aléatoire effort! La haine du Théâtre provient de ce qu'il y a quelque traquenard dans cet agencement sensible de corps, de voix et d'images, qui ne prend sens que de faire briller, fugacement, la cause inassignable d'une vérité.

C'est comme si une démonstration mathématique — et le théâtre est plus démonstratif que représentatif — vous était annoncée à l'enseigne de la réjouissance des fruits.

Il y a aussi que l'idée de spectacle est communément associée — le cinéma quelconque, le « *théâtre* », l'opéra à la mode ou le show massif convergeant vers cette conviction — à quelque passivité unanime, à une captation par l'énergie de l'image, ou par la voix divine. Or le Théâtre exige de son Spectateur, lequel du coup sent vite la dureté du fauteuil, qu'il accroche aux lacunes du Jeu le développement voulu d'un sens, et qu'à son tour il soit l'interprète de l'interprétation. Qui pourrait ne jamais détester d'avoir payé pour un plaisir, et d'être astreint à un travail ? Ou plutôt de constater que ce plaisir, qu'on désirait immédiat, est le produit douteux d'une concentration de l'esprit ?

XXVI

Les vérités que prodigue laborieusement le théâtre sont d'essence politique, en ce qu'elles cristallisent les dialectiques de l'existence et visent à élucider notre site temporel.

Plus exactement : de tous les arts, le théâtre est celui qui *jouxte* (ou suppose) la politique de la façon la plus insistante. J'ai déjà montré :

— l'existence, entre politique et théâtre, d'une analogie formelle,
— l'implication de l'État dans l'essence du théâtre.

Certes, analogie et implication valent pour le « *théâtre* » comme pour le Théâtre. Mais le second fait événement d'un *dire* en torsion de cette analogie et de cette implication.

Le « *théâtre* » est *de* l'État, n'en soufflant mot. Il perpétue et organise la subjectivité bonasse et ronchonneuse dont l'État a besoin.

Le Théâtre, lui, *dit* toujours quelque chose de l'État, et finalement de l'état (de la situation). Il y a bien des raisons de ne pas vouloir écouter ce dire.

XXVII

L'EMPIRISTE. — Mes listes, mes listes ! Vous ne m'échapperez plus.

MOI. — Je suis loin d'avoir tout vu.

L'EMPIRISTE (*impitoyable*). — Si vous pensiez que c'est du Théâtre, et non du « *théâtre* », vous y seriez allé.

MOI. — Non, il y a le hasard, la paresse…

L'EMPIRISTE (*féroce*). — Vous disiez que le théâtre est une machine de guerre contre la paresse.

MOI. — Il y a la presse, le temps qui fait défaut, l'oubli. Je vais être injuste.

L'EMPIRISTE (*cynique*). — Soyez-le.

MOI. — Depuis combien de temps ? Quarante ans ?

L'EMPIRISTE. — C'est ça! pour ne célébrer que des vivants, et n'omettre que des morts! Non, non. Je veux vos spectacles de théâtre dans les dix dernières années.

MOI. — Alors, une liste restreinte, minimaliste, essentielle.

L'EMPIRISTE. — Pas de précautions.

MOI (*d'une seule traite*). — De Wagner, la *Tétralogie*, Chéreau-Boulez à Bayreuth ; d'Ibsen le *Peer Gynt*, par Chéreau ; d'Eschyle, *L'Orestie*, par Peter Stein ; de Racine, *Bérénice*, par Vitez ; et *Bérénice*, par Grüber ; et *Phèdre*, par Stein ; de Guyotat, *Tombeau pour 500 000 soldats*, par Vitez ; de Marivaux, *Le Triomphe de l'amour*, en italien, par Vitez ; de Goldoni, *Arlequin serviteur de deux maîtres*, par Strehler ; et de... Non, je m'arrête. Je dois surtout m'excuser de ne pas nommer les acteurs, il faut toujours nommer les acteurs, et les décorateurs, et les costumiers, et les musiciens, s'il y en a.

L'EMPIRISTE. — Un seul auteur contemporain! Eschyle, Racine, Marivaux, Goldoni! Quel académisme!

MOI (*d'une seule traite*). — De B.-M. Koltès, *Dans la solitude des champs de coton*, par Chéreau ; de Kalisky, *Falsch*, par Vitez ; de... Non, je m'arrête. Il faudrait citer toutes les tentatives, dans le contemporain, il faut soutenir et saluer *toute* tentative. Mais, cher empiriste, vous ne m'avez accordé que dix ans.

L'EMPIRISTE. — Et tous ces spectacles, dans les grands

temples officiels, Bayreuth, Chaillot, Villeurbanne, le Théâtre-Français, la Schaubühne... Rien de latéral, nul petit lieu, pas de province éclatante de discrétion. Votre « diagonale » est celle du faste et du Grand Crédit.

Moi. — Qu'importe la dimension du lieu ? Si même il n'y venait que dix personnes en tout, le théâtre persisterait à incarner seul — par exemple vis-à-vis du ministère de la Police, de la Guerre, ou de l'Artisanat et du Commerce — le ministère de la Culture, à lui donner sa chair vivante, à en légitimer ou en illégitimer le ministre. Le théâtre est, sous le signe de sa grandeur nationale, le syndicat général de la culture. Et puisqu'il est clair que ça ne tient pas à son importance — socialement très faible aujourd'hui —, force est de conclure que ça tient à son essence. Le théâtre est essentiellement une forme de l'État.

L'EMPIRISTE. — Je vois venir une nouvelle dissertation.

Moi. — Pas du tout ! Il s'agit d'un souvenir d'adolescence. En 1953. Mon père est maire de Toulouse. Il raconte les péripéties du vote du budget par le conseil municipal. Le rôle du maire consiste, la plupart du temps, à enchaîner avec adresse — suite à la lecture à toute vapeur d'un grimoire technique dont les pouvoirs émollients et somnifères sont démontrés — la réponse « Adopté ! » à la question « Pas d'opposition ? ». Le syntagme véloce « pasdopozissionadopté » est le sésame du vote. Mais, sur un chapitre au moins, ce sésame savonne : c'est quand on annonce le budget du théâtre

— le grand et glorieux théâtre du Capitole, aimé de Stendhal. Ah! C'est comme si on sonnait du clairon. Les conseillers s'ébrouent, se secouent, claquent des talons et s'élancent dans la chicane infinie. La discussion tatillonne, s'entortille, on délibère du point de retraite des ouvreuses et du remplacement d'une harpe ébréchée. Wagner, ou *La Belle de Cadix*? La question empoisonne les cœurs.

Pour les écoles et les hôpitaux, la voirie, les transports en commun, l'eau potable et les jardins publics, «padopozissionadopté». Pour le théâtre, bruit et fureur, obligatoirement. Les représentations réveillent les représentants. Le lien du théâtre au budget est théâtral plus que budgétaire.

L'EMPIRISTE. — Enfin du concret!

XXVIII

1965. Mao Tsé-Toung, le «maître de la Chine», comme disent les gazettes, se propose, avec l'aide de sa femme — une actrice, après tout — de réformer l'Opéra de Pékin*. Il s'agit d'en finir sur scène (comme depuis pas mal de temps dans la réalité) avec l'hégémonie des aristocrates et guerriers, des «damoiseaux et damoiselles». Il faut assurer au théâtre le triomphe populaire des ouvriers, paysans et soldats. On garde la musique, c'est entendu, on garde les ressorts de l'intrigue, on garde les bons et mauvais sentiments, on garde tout, à vrai dire, mais on substitue aux princes les héros de la guerre du peuple. C'est presque un simple changement de costumes. Eh bien, l'affaire entraînera dix ans de tumultes sanglants, des épisodes politiques ténébreux secoueront la Chine, de la moindre usine provinciale au Bureau politique, et, pour finir — chose étonnante! —, elle échouera. Mao n'était pas encore mort qu'elle avait déjà échoué : damoiseaux et demoiselles étaient de retour sur la scène, au grand soulagement de Deng Xiaoping, que les opéras « à thème révolutionnaire contemporain » assommaient. Chasser du théâtre ses héros traditionnels — rois, princesses, dames de cour, élégants et élégantes, soubrettes et devins : ce sont les mêmes partout, l'affaire n'a pas de particularité chinoise — n'était pas au pouvoir du chef historique de la révolution, même appuyé par vingt millions de gardes rouges, des factions ouvrières, et quelques détachements de l'armée. Nul ne peut prendre le théâtre d'assaut. Le théâtre est plus solidement étatique que l'État même.

XXIX

1982. Antoine Vitez s'encolère contre toute idée d'un « dramaturge ». C'est un de ses thèmes les plus constants : « Moi vivant, déclare-t-il, il n'y aura ici nul dramaturge, sinon au sens de celui qui écrit des drames. » La tradition allemande du dramaturge est à ses yeux celle d'un policier du texte, qui interdit à l'artiste de théâtre de saisir «à vif» la situation scénique. Le dramaturge introduit dans le théâtre une politique légitimiste, dont le metteur en scène est le valet technique. Cette séparation instituée de l'exégèse textuelle, productrice de sens, et du geste théâtral effectif exaspère Antoine Vitez. C'est que, pour lui, le théâtre est pensée, et il n'y a nulle pensée antérieure, sinon l'être du texte, qui n'a besoin de personne, étant le filtre objectif de l'intervention théâtrale.

Antoine Vitez a certainement raison. Il est d'autant plus regrettable qu'un flic gardien du sens s'immisce dans les répétitions qu'en toute hypothèse un flic (au moins) gardien de l'ordre sera dans la salle. Le théâtre est essentiellement surveillé. Il est le lieu possible d'effets politiques, il est une *conspiration officielle*. Dans les comédies de Molière, dans les tragédies de Racine, le roi en personne se fait désigner, exaltés par l'art, l'ignoble monde dont il participe, la conspiration publique de son entourage, les hypocrisies et cruautés de son propre pouvoir. Mais sa police est là pour lui désigner ce qui, dans cette désignation artistique première, pourrait bien être excessif. On interdira, on retardera. Cependant, surveillé, le théâtre surveille aussi bien. Il rapporte le réel. Il moucharde le monde, mieux que toute note de police. Aussi le roi préfère s'y instruire, en dépit des cabales, plutôt qu'écouter les ennuyeux.

Aujourd'hui encore, telle pièce touchant à la question juive, aux corporations menacées, à l'Église, à la police, produira un effet public de scandale et de cabale qu'aucun film ne peut espérer. C'est que toute prononciation théâtrale est officielle, en un sens obscur. On peut en demander compte aux autorités. Le cinéma est capitaliste et privé. Personne n'en est responsable, qu'un fabricant et ses employés. Ce qui est dit au théâtre, même dans un préau d'école avec deux lumignons, est dit *en majesté*. Si c'est scandaleux, c'est que l'État ne se surveille pas assez lui-même : il ne surveille pas Ses paroles.

XXX

1984. Vitez monte ma pièce de 1978, *L'Écharpe rouge*, dans une version opéra, œuvre de Georges Aperghis*. Le spectacle me comble. Plusieurs amis remarquent qu'au troisième acte, dans l'espace ouvert et bleu de la scène, chacun allant à son destin, les personnages — tous des militants et cadres d'une aventure révolutionnaire dont le site et le Parti sont inventés, tous sur des voies distinctes, déchirés et délocalisés, tous têtus dans leur conviction — finissent par ressembler... à des dieux grecs. Ainsi, on a beau entasser « Comité central », « prolétariat », « marxisme », « drapeau rouge », « usine insurgée », « guerre révolutionnaire », faire chanter tout cela, le nouer à l'amour, à l'étreinte, à la mort, agencer un interlude comique sur la dialectique, un autre (sur une barque) entre Althusser et Deleuze, à peu près, eh bien, tout cela n'effraie et n'obscurcit l'intellect que des critiques d'opéra et des bourgeois lyonnais. Pour le spectateur qui simplement accepte de l'être, cette histoire de l'épopée communiste s'inscrit dans les grandes catégories du mythe, où le théâtre, depuis toujours, articule les effets de la politique. Elle prononce, dans la splendeur du théâtre, qu'à la fois est achevé le temps de ces héros particuliers, et que donc vient celui de leur sublimation scénique, par où finalement l'État les légitime, les inscrit sur les tables de la loi tragique, et ainsi les couche dans la mort, égalitairement, aux côtés d'Oreste, de Créon, de Titus, de Polyeucte, de Ruy Blas ou de Rodrigue — d'Électre, d'Antigone, de Bérénice, de Junie, des reines éternelles et d'Ysé, et d'Yseult. J'étais déjà fort étonné qu'Antoine — le personnage de ma pièce qui, lié aux Russes, « révisionniste », comme on disait alors, amoureux de la seule Europe, était à mes propres yeux, en 1972-1973, l'incarnation du mauvais — ressorte sur la scène dans une consistance tragique encore amplifiée par son ironie; c'est que les intentions idéologiques, si elles peuvent gouverner la construction latérale des consciences, ne présument en rien de ce que, mythe dont l'être est l'État, ou plutôt mythification, le théâtre va *découvrir* dans la proposition textuelle. Ainsi filtrée et dressée, et cadrée du rouge de la scène, et baignée dans le moderne du chant, ma pièce disait trois choses (à propos des « années rouges », qui vont de 1917 à 1977) :

— C'est fini.

— C'était d'une beauté qui honore ses ancêtres grecs, en tragédie.

— Ce que c'était exactement est une question qui nous reste sur les bras.

Car le théâtre, s'il trie ce qui mythifie au nom de l'État de ce qui déchoit, n'est pas en mesure de conclure. Il est l'état des choses mis *en suspens*.

XXXI

1986. Les gens de théâtre, sous la houlette énergique et inventive d'Ariane Mnouchkine, organisent une puissante manifestation revendicative contre François Léotard, nommé ministre de la Culture par Chirac. Qu'a-t-il fait, le pauvre benêt, le scout éperdu ? D'abord, il a moins de sous, comme tout le monde. Suite à quoi, ayant rassuré sur leurs sièges tous les pontifes des grands théâtres (et à fort juste titre), Léotard s'imagine que son « pouvoir » de ministre, au-delà des grands conservatismes obligatoires (au demeurant, le préposé ministériel au théâtre, Abirached, est et restera là, pilier de la cohabitation), consiste dans le balayage de quelques subventions subalternes. « Tout de même ! On n'a pas fait la révolution libérale pour rien ! », se dit le bellâtre de Fréjus. Hourvari général !

Or sur quel mot d'ordre se déroule ce mélodramatique épisode de la lutte des classes dans le théâtre ? On défilera au cri surprenant, et qui n'est pas sans avoir un petit côté batracien, de « Nous voulons un ministre ! ». Léotard était accusé de ne pas l'être, au vu des modifications dans la quantité et la hiérarchie des prébendes.

Le désabusé me dira : « Ne va pas chercher trop loin. Ces gens regrettaient la gauche, ils faisaient une campagne post-électorale. » J'entends bien, dans « Nous voulons un ministre », « Nous voulons Jack Lang », le bondissant Lang à qui toute la France culturelle, du hard-rocker de Saint-Gaudens au manager lanceur de cravates branchées, voue un culte reconnaissant. Mais je maintiens l'importance du symptôme : aucune corporation n'a jamais, comme le fit ce jour celle du théâtre, pleuré en public pour l'obtention d'un « vrai ministre », si ce n'est celle, un peu nostalgique, des demi-soldes et rapatriés de feu nos guerres coloniales.

XXXII

Bien des théâtres sont nationaux. Il y a la Comédie-Française, évidemment, dont il fallut à Malraux (un ministre, celui-là, comme peut-être en voulaient les grenouilles, mais il n'y a pas un coup d'État militaire tous les jours) un long combat, avec siège, huissiers, arrêtés, décrets, pour seulement bouter dehors l'administrateur de l'époque, qui s'appelait, comme dans une pièce, Monsieur de Boisanger. Il y a le Théâtre national de Chaillot. Même du temps de son exil à Villeurbanne, le Théâtre populaire resta national.

S'il n'est pas national, un théâtre digne de ce nom est au moins régional. Il rayonne, il s'implante, il tourne, dans le Languedoc-Roussillon, ou le Poitou-Charentes. Il reste ainsi tout proche des délimitations et compétences (surtout financières) des Assemblées locales, à défaut du Palais-Bourbon.

Un théâtre sera aussi, comme l'est le gouvernement pour le corps de la nation, un Centre (dramatique, culturel, de création…), dont la périphérie est nulle part. Mais ce Centre est toujours une Maison — Maison de Molière, ce qui fait cénotaphe, ou Maison de la culture, ce qui fait université de banlieue. Dans cette maison, le « patron et son équipe » reçoivent le public, le nourrissent, l'éduquent, et font bien entendu avec lui des débats démocratiques. Ce rapport équivoque entre l'altitude du Centre et l'hospitalité de la Maison est celle même de la République actuelle : ferme élévation présidentielle du pouvoir, tendre sollicitude économique et pédagogique pour les gouvernés. Culte du patron (les hommes de théâtre ne seront pas les derniers à supplier emphatiquement le ténébreux et étroit Mitterrand de rempiler : « La France a besoin de vous, etc. », ils s'y connaissent) et culte du public, dans un partage incertain, dont les « débats publics » sont la mise en scène sur les gradins de la farce.

Imagine-t-on un « cinéma national » ? Cela ferait rire. Une cinémathèque, oui, mais chacun sait que ce n'est qu'un musée. Imagine-t-on un cinéaste « patron », soucieux de recevoir le public dans sa « maison » ? Maison dont, en outre, il aurait obligatoirement à dire aux invités, typique phrase de banquet républicain, que « c'est la leur, qu'ils sont là chez eux » ? Imagine-t-on que « rayonne » un cinéma Languedoc-Roussillon ? Le cinéma est trop trivial pour les métaphores de l'État républicain. Bassement mêlé à l'infrastructure capitaliste, il ne peut gravir les échelons du crédit, de la municipalité à l'Élysée, ni s'articuler, de l'animateur de base au ministre, sur la revendication culturelle.

XXXIII

Théâtre et État. L'État et la Révolution. Théâtre et Révolution. Je pense au film *La Mort de Danton*, de Wajda. Il est tiré d'une fort belle pièce de la Polonaise S. Przybyszewska qui, éduquée par Mathiez, est une fervente robespierriste. Wajda croit droitiser la pièce grâce à un Depardieu tonitruant, lubrique et épais, démagogue de la « vie », qui est en réalité tout à fait inintéressant (disons : un céfdétiste anarcho-désirant des années 1973-1976). Le Robespierre de l'acteur polonais, Wojcieck Pszoniak, passionne, en revanche, tout investi et appliqué dans le processus politique. Et je me dis : d'où vient d'abord que le grand théâtre de la révolution soit si rare (outre cette pièce, quoi ? Büchner ? Romain Rolland, en tout cas, a échoué), et d'origine étrangère ? Y a-t-il, du reste, un théâtre russe vraiment convaincant dont la matière soit 1917 ? Un chinois sur la séquence 1923-1949 ? Il y a des livres, des poèmes, des films, nul n'en peut douter. Mais le théâtre, le grand théâtre, est-il passé par là ? Même la guerre politique qui fait la matière de mon *Écharpe rouge* est une fiction, une synthèse rêveuse. Je crains qu'il ne faille conclure que le théâtre *évite* la révolution, comme point de réel de la politique. Il aime les successions, les intrigues de palais, les meurtres, les conspirations, mais, toujours métonymique au regard de la foule, hanté par la représentation héroïque et sa division irréparable, il est incommodé par la révolution. Il lui préfère, si l'on peut dire, son pressentiment rétrospectif (Tchekhov) ou sa reconstruction légendaire (la fondation du tribunal public dans *L'Orestie* d'Eschyle). Au mieux, il en serait le temps d'échec, la flexion désastreuse, le couchant discuté — ainsi les pièces de Sean O'Casey, où le croisement du socialisme et de la question nationale fait flamber une jeunesse prématurée, ou durcir l'éternelle vieille femme — mélancolies de la décision à quoi en viennent aussi, toujours, les douteux héros de Brecht*.

C'est qu'au théâtre, dans la forme de l'État, la révolution est affaire d'échec ou de succès, donc de mort ou de vie, et que la politique y est en éclipse de ses catégories existentielles. Le théâtre traite non la politique, mais les consciences prises dans *l'état de la politique*. Le théâtre est confirmé dans sa vocation étatique par cet étatlement de la procédure révolutionnaire, état-lement dont le héros est la production visible. Le théâtre a toujours traité la révolution comme un mythe. Ce qui, soit dit en passant, ne prouve pas qu'elle l'était, mais que ce qui en elle ne l'était *pas* ne peut non plus se représenter.

XXXIV

Inapte à montrer la révolution, pris au pli de l'État, le théâtre n'est-il pas le seul art qui établit une *visibilité* de l'État ? Le seul art qui le montre ? De quoi parle le théâtre, sinon de l'état de l'État, de l'état de la société, de l'état de la révolution, de l'état des consciences relativement à l'État, à la société, à la révolution, à la politique ? De l'état de l'amour, aussi, fort distinct de l'amour (je soutiens que le roman traite de l'amour, mais qu'au théâtre l'amour est un axiome, une supposition, pour que se noue un état des choses, des lieux et des gens. Personne n'aime, sur scène ; l'amour y est prononcé dans ses conséquences, mais il faut le roman pour escorter artistiquement l'amour même. Au théâtre, l'amour est une déclaration dont se soutient une stratégie, qui croise un pouvoir. Il n'est pas, il ne peut pas être, un sentiment générique).

Le théâtre : art de la *déclaration d'état* (des choses). Inventaire en catastrophe de toutes les parties d'une situation fermée. Solde pour tout compte, et déflagration. L'éclat, de la larme ou du rire, comme fin (et finalité) du dénombrement stratégique des passions et des croisements.

Le théâtre, en effet, représente : il *représente la représentation*, non la présentation. L'État, non le surgir de son lieu. Il est cérémonie de toutes les cérémonies. Il ne commence que si la liberté (politique, grecque) de juger la représentation est immanente aux conditions de l'art. Il s'autorise du représenter des représentations. Donc, de l'Idée (au sens de Platon). Tout théâtre est théâtre d'Idées.

XXXV

Mais il y a une loi de torsion, caractéristique de la scène : forme de l'État, le théâtre ne peut que montrer un « autre état » des choses que celui dont il est une forme. Le théâtre *distancie* l'État qu'il montre, parce que cette monstration est informée, mise en forme, à partir de l'État même.

XXXVI

Exemples : les auteurs tragiques de l'époque de la démocratie grecque supposent sur scène d'improbables monarques. Le Chœur est bien une assemblée, mais soumise. Le théâtre, conditionné par la démocratie, la vise par le travers d'une distance monarchique légendaire. Nos tragiques de l'époque de la monarchie absolue passent par les empereurs romains, les héros grecs, les rois barbares. Ils vivent la Cour, mais dans une discursivité du lointain. Nos tragiques de la Restauration, du louis-philippisme, en proie aux nostalgies impériales, projetés vers le rêve républicain, c'est du côté du Moyen Âge, de la Renaissance, ou de la Fronde, qu'ils trouvent de quoi équilibrer ces dispositions contrariées. Poète de la IIIe République, de ses colonies, de son patriotisme exaspéré et absurde, Claudel, sinon *La Ville*, façonne d'hyperboliques espagnolades, ou laboure l'effet révolutionnaire, ou remonte à la Terre médiévale. Même les figures du bordel du *Balcon*, Genet les tire d'une république des notables défunte, d'un sabre et d'un goupillon qui évoquent Boulanger plutôt que Pompidou. Et personne, il faut le dire, n'a jamais pu jouer ni mettre en scène son insurgé solaire — par contre, vice impuni, le texte excelle à soutenir sur les planches le préfet de police à tête de bite.

XXXVII

Le théâtre, qui est une forme de l'État, dit ce que cet État *aura été* dans la fable du passé qu'il lui prête. Inapte à se retourner sur le présent qu'il active, il établit le futur antérieur d'un état des choses mis à la distance que requiert le présent de sa machination. Pensée du temps, le théâtre l'*exécute* au passé.

XXXVIII

Je prétends qu'on peut, parvenu où je vous mène, reprendre le sujet : Corneille et Racine. La Bruyère, qui affirmait qu'il n'y avait plus rien à dire de nouveau, n'a pas non plus dit tout le nouveau qu'il y avait à dire sur nos deux tragiques (leur écart signifie ce pays tout entier, qu'une Europe étroite, et de pacotille financière, invite à oublier. « Théâtre de l'Europe » ? Je n'y connais que *des* théâtres, dont j'aime surtout la dissemblance, la non-unité. J'aime l'Angleterre, l'Allemagne, la Russie, la France… Je n'aime guère l'Europe).

Corneille et Racine, donc la France selon son hiatus (et la France *est* un hiatus, un conflit, un écart, elle est tout sauf une substance ou une union), ce n'est pas, ce n'a jamais été, « les hommes comme ils devraient être » contre « les hommes tels qu'ils sont ». Je lèverai haut le drapeau de Corneille, avec quelque mauvaise foi : il se démêle encore et s'embrouille et s'équivoque dans les passes et les impasses de la politique. À l'école de l'invention de Richelieu et du désordre de la Fronde, il croit encore qu'elle existe, la politique, que le thème du bon monarque en éclaire la procédure, que le débat est ouvert et complexe — et il y mêle, le vieux, de superbes hystériques, dont les féroces avares existentielles de Racine n'approchent pas. Quand il en vient à comprendre que c'est fini, que plus rien ne se passe, que la politique est supprimée depuis longtemps, il en entretient le souvenir angoissé dans de mélancoliques et suicidaires figures, sentimentaux de la politique égarés dans la loi sans loi de l'État. Rêveur d'une politique en litige, Corneille, c'est vrai, a du mal avec le théâtre. Quelque chose de romanesque anime et défait sa construction. L'ampleur du discours, l'explication subjective du tourment de l'Idée, la volte en éclipse du réel, l'horreur insaisissable du pouvoir : il y a là un tournoiement que la langue balancée capte, renvoie, fait indéfiniment rebondir dans la galerie des glaces d'une essentielle déception.

Racine, le malin, le flagorneur professionnel, s'installe

d'emblée dans l'inexistence de la politique. Il n'en porte nul deuil. Il se délecte à en agencer le manque dans les lois combinées du pouvoir et du désir. Il observe les araignées dans leur pot, et calcule, le long de la plus parfaite et exacte langue jamais musiquée, leurs trajectoires et croisements. La cruauté de l'État, son pur point réel, la faiblesse des vaincus, le guet des vainqueurs, la cause du désir, la fatuité évanescente de l'amour, tout est comme à la parade dans un montage de diamantaire. Mais, au fond, que nous importe ? Quelle âme s'éduque ici sur quoi ? Trop de réel accable.

Corneille, pour défendre ses chimériques constructions, suit souvent l'énoncé de Boileau : « le vrai peut quelquefois n'être pas vraisemblable ». Disons mieux, ou pis : le vrai n'est *jamais* vraisemblable. Corneille cherche un théâtre de la vérité, Racine est celui du réel, tel est le fond de la question : les hommes tels qu'ils sont *en vérité*, et les hommes tels qu'ils sont, tout court.

Théâtre où l'état des choses se dit dans la distance indirecte la plus courte : théâtre de la langue et du désir (Racine). Théâtre où l'idée politique cherche à défaire la prise déraisonnable de l'État : théâtre du discours et de la vérité (Corneille).

Racine, certainement, plus parfait, quant au théâtre. L'autre, souvent aux lisières de l'injouable. En-jeu, Racine, in-jeu-nu, Corneille. Mais est-ce à l'honneur de Racine ? N'a-t-il pas trop bien rempli les fonctions de surveillance du théâtre ? Dramaturge de lui-même, dirait

Antoine Vitez (qui déteste Corneille, et monte, admirablement, Racine).

Entre les deux, en tout cas, se discerne — ou s'indiscerne — ce qu'en proie au réel le théâtre peut produire de vérité. Entre les deux, exactement. On a toujours eu raison, dans les écoles, de les comparer. Et si on ne le fait plus, c'est que la vérité n'importe plus, au moins dans sa guise théâtrale. La vérité du lien entre amour, désir, pouvoir, politique, elle est en ce point où Racine et Corneille sont indiscernables : la tragédie, classique. Le théâtre comme art supérieur.

XXXIX

Ce numéro de ma rhapsodie est capital : j'y propose une mesure pratique, non pas tant une réforme (j'ai deux réformes de très grande portée dans mon sac, voir plus loin) qu'une mesure conservatrice, préservatrice. Un « n'y touchez pas ! » d'autant plus fervent qu'on y a déjà beaucoup touché.

Tout ce que je viens de dire plaide en effet pour *le maintien de l'entracte*. Oui, je supplie les directeurs de théâtre, les metteurs en scène de maintenir ou de rétablir les entractes. Si mondains, si ennuyeux, si malcommodes soient-ils. Il est indispensable à l'état du théâtre, qui est de montrer et sauver, dans la forme de l'État, l'état des choses au futur antérieur de son actualité, que le public se montre et se sauve comme public. Les spectateurs doivent s'éclipser dans une foule épaisse et tangible. Il faut entendre de sots commentaires, des exclamations, il faut des intrigues, des cabales, de belles femmes et des messieurs astreints à entrer en compétition civile avec les acteurs lumineux. Cette futilité seule fait briller de son noir éclat le théâtre, cet État paradoxal, cette forme retorse de la surveillance du réel. Supprimer les entractes est un acte barbare, quoique tentant, et même, de prime abord, salubre. Pour tout dire, et conclure, supprimer l'entracte est un acte cinématographique.

XL

L'EMPIRISTE. — Votre entracte sera le lieu de la haine, puisque vous souteniez qu'on hait le théâtre.
MOI. — Hélas! Le discours de l'entracte est en effet celui de la réserve, de la chronique, de l'absentement. Ah! Si on laissait faire cette dame enturbannée, ce civil monsieur svelte! Comme ils auraient *mieux fait* tout cela! Mais ces épanchements sont aussi indispensables que la bonde d'un tonneau.
L'EMPIRISTE. — Faites-moi un peu de psychologie, pour voir. Nous autres, nous n'aimons que les faits

objectifs et les faits mentaux. La liste des succès de la saison, c'est bien. Il me faudrait en savoir un peu plus sur cette haine du théâtre, sur ce qu'elle révèle de l'ego, vous voyez le genre. Vous avez dit que la haine du théâtre est une haine de soi ?

MOI. — De soi-même, quand on hait le théâtre, on hait précisément cette haine, soit de se dérober lâchement à ce que le théâtre exige. L'examen minutieux de la prose des critiques fait toujours apparaître ce symptôme, que la détestation affichée d'un spectacle de théâtre s'amplifie elle-même, car vraiment, s'il fallait admettre que « cela » est du théâtre, le critique serait par trop discrédité à ses propres yeux, de n'avoir pas pu y consentir au moment même. Il y a là quelque chose de terrible, et d'irrémissible, absolument propre au théâtre. Rien ne peut plus rattraper, excuser, de n'avoir pas été Spectateur. Une représentation étant un événement, celui qui n'a pas trouvé en lui-même, dans le moment exact de sa durée, la ressource d'implication d'où procède une vérité est, toutes proportions gardées, dans la situation de celui qui reste coi dans sa chambre pendant que se joue sous ses fenêtres une révolution ou une résistance. On conçoit qu'il soit porté à l'exaspération, et tout poreux aux sirènes qui lui murmurent qu'il n'y avait là que tapage et barbarie. Cela seul explique que les spectacles les plus lumineux et les plus denses, les plus proches de notre temps réel, les plus tendus vers l'élucidation de notre Histoire, soient déclarés généralement sinistres et catastrophiques, ou, tout bonnement, passés sous silence. On attendra le plus souvent que des épigones bien intentionnés, soucieux de contourner la haine, changent en « *théâtre* » le grain de vérité que délivrait la provocation du Théâtre, pour reconnaître rétrospectivement ce qu'on doit à ce qu'on fuyait, dans l'abri contre l'art qu'est la culture.

Je déchiffre dans la haine affichée du théâtre un grand et obscur remords, celui de se découvrir *incapable de Théâtre*, tout juste bon pour le « *théâtre* ». Et qui aurait l'arrogance de se croire protégé d'une telle incapacité, d'un tel remords ?

Mais il convient aussi de penser, avec Spinoza, que « le remords n'est pas une vertu ». Aimer le théâtre, en revanche, en est une, fort malaisée à conquérir, presque impossible à conserver.

XLI

La haine du théâtre s'adresse aux rares représentations qui font événement pour la pensée. On ne hait pas les *textes* de théâtre. On les ignore (autre passion). L'école tentait de forcer le sort : Racine, Corneille, Molière. Il en est resté quelque chose d'*obligatoire*, qui nuit encore plus à la libre lecture des pièces. Les éditeurs n'en veulent pas, les écrivains n'en vivent pas, les lecteurs n'en vibrent pas.

Voyez ce singulier mot : « pièce », comme une pièce de tissu. Il indique que le théâtre est transcendant à ses textes, qui n'en sont que des pièces, plus ou moins rapportées.

Du reste, à quoi reconnaître qu'un texte est une pièce ? À ce qu'il est constitué de répliques ? Des romans entiers sont ainsi écrits, et même (*Jean Barois*, de Martin du Gard) avec l'indication des protagonistes. Inversement, certaines pièces, indubitables, ne sont qu'*un* monologue — c'est souvent le cas pour Beckett, ou Vauthier (*Le Personnage combattant*). Voyez aussi que certains textes entièrement dialogués sont « trop longs », de l'avis général, pour être tenus pour de vrais textes de théâtre. Que dire ainsi de la version originale du *Soulier de satin*, dès lors qu'il en existe une version, très différente, « pour la scène » ? Mais qui va fixer la longueur canonique d'un texte de théâtre ?* On a le sentiment que certains textes, quoique écrits « théâtralement », ne sont pas, pour autant, *de* théâtre.

XLII

Au vrai, l'ignorance ou le déni, ou le dédain, des textes de théâtre, des pièces éditées, s'enracinent dans une incertitude essentielle. À la question « Qu'est-ce qu'un texte de théâtre ? », peut-on répondre simplement ? Non, car le texte pris isolément n'en décide pas : il n'est qu'un des sept éléments constitutifs du théâtre.

N'est à proprement parler *théâtre* que ce qui a été, est, ou sera *joué*. L'événement (la représentation) qualifie rétroactivement le texte dont cependant l'existence écrite l'anticipait. Un texte *sera* de théâtre s'il *a été* joué. Donc : le texte de théâtre n'existe qu'au futur antérieur. Sa qualité est suspendue.

XLIII

On retrouve ici notre analogie obstinée avec la politique. Un texte de *pensée* politique participe d'un processus, il est l'inscription de ce que Sylvain Lazarus appelle une « pensée en intériorité* ». Le vrai texte politique est immanent à un « faire » qui est comme la matière de son sens. Le cas le plus simple est celui de la directive, dont tout le destin de pensée est dans l'action qu'elle inspire. Ainsi le processus politique, qui est une pensée pratique, qualifie le texte où il s'énonce, comme projet, comme commandement, comme orientation, comme *ligne*.

Une pièce écrite n'est-elle pas plutôt une *ligne de théâtre* qu'un processus théâtral ? Et de même que, tant qu'une pièce n'a pas été jouée, on ignore si son texte est vraiment un texte de théâtre, de même, soustrait à tout effet, étranger à toute organisation, un texte « politique » sera du commentaire, ou de la philosophie, il sera écrit, peut-être, *en vue* de la politique, il ne sera pas politiquement qualifié comme texte politique.

XLIV

La structure du texte de théâtre, comme celle du texte politique, est le pas-tout. Car seul ce qui lui ek-siste, et qui existe, la représentation, ou l'action, le qualifie comme texte.

Ce qui peut se dire aussi : il n'y a pas de *livre* de théâtre (si le livre est ce dont un texte s'assure comme le tout auquel il appartient), alors qu'il y a des livres de prose, ou de poésie.

Il n'y a pas non plus de livres de politique. Seulement des textes.

Ainsi nous inversons le problème initial : ce n'est pas qu'il y ait des textes de théâtre qui est l'énigme, c'est qu'il ne puisse y avoir *que* des textes, donc du pas-tout, de l'incomplet, du suspens. Des morceaux *pour* l'aléatoire événement théâtral.

Ce qui se passe, c'est que le réel de la représentation *s'empare* du texte, et le fait être théâtre, ce qu'il n'était que par son incomplétude.

Tout texte de théâtre est ainsi en latence de lui même.

Il gît dans l'inachevé de son sens. Toute représentation le ressuscite, et le parachève.

XLV

Mais si un texte est de théâtre parce qu'il est texte, donc livré à l'achèvement événementiel de la représentation, tout livre peut voir le théâtre s'en emparer, si d'abord il le *défait*, le détotalise, le ponctue. Ce qu'on voit en effet : *Crime et Châtiment*, aussi bien que *Tombeau pour 500 000 soldats*, peuvent être *mis en pièces*. L'action théâtrale va ici à ruiner le tout dont elle assurera la glorieuse réfection.

Et, inversement, des textes écrits dans la supposition théâtrale, parce qu'ils sont trop complets, trop saturés, trop romanesques, seront versés du côté du livre.

Il doit donc y avoir une certaine imperfection intrinsèque du texte de théâtre, une porosité, une plasticité. Quelque chose de *simple*, de trop simple pour articuler le tout d'un monde. Évidence que la force universelle de Molière est *aussi* dans l'insondable équivoque, l'inachèvement simplifié, des personnages et des situations.

Car la représentation doit pouvoir être un en-plus, comme l'application d'une directive politique doit pouvoir être créatrice.

XLVI

Si le théâtre est de l'ordre du pas-tout, il est essentiellement féminin. C'est à Lacan que nous devons cette algèbre : dans la distribution des sexes, qui est moins affaire d'objectivité biologique que de position au regard du langage, et du mode sur lequel s'y enchaîne un sujet, ce qui compte est la fonction de l'universel, du « pour tout », au sens où l'on dit en logique « pour tout x, il y a la propriété P », qui s'écrit, on l'apprend désormais sur les bancs des écoles, $(x) P(x)$.*

L'homme se définit justement du « pour tout », la propriété étant celle qui s'infère de l'accès au phallus. Est « homme » celui qui soutient le « pour tout » de cet accès, celui qui « totalise » la propriété. Est « femme » celle qui ébrèche cette totalité, en faisait exister un point, un point au moins, tel que la propriété soit intotalisable, le point existentiel dont peut se dire qu'il n'est pas « du tout », et qui aussi bien fait exister le tout par son exception. C'est en ce sens que la femme est « pas-toute » — ce qui faisait déjà dire à Hegel qu'elle était « l'ironie de la communauté ».

Si le texte de théâtre est tel que seule l'exception d'une représentation le fait exister, s'il est, comme texte de théâtre, soumis, quant à sa totalisation proprement théâtrale, au point singulier et lui-même hors texte du jeu, de l'instant du jeu, alors il est légitime de dire que le théâtre s'écrit « pas-tout », à la différence du monde compact et autosuffisant qui est l'imaginaire du roman classique. Il s'ensuit que le théâtre, soumis perpétuellement à la défaillance spectaculaire de son être, appartient bien à la sphère féminine. Lui aussi est l'ironie de la communauté. On sait du reste que du biais du travestissement, de l'insécurité sexuelle, de la mise à l'encan du phallus dans les farces, le théâtre affiche cette latente dérision du glorieux « Tout » de la masculinité. C'est ce qui éclaire que les Églises aient tendance à mettre les acteurs, le théâtre et les femmes dans le même sac obscur.

Mais complétons la dialectique : puisque le théâtre est essentiellement féminin, il est non moins essentiellement une affaire d'hommes. Pendant longtemps on le sait, seuls les hommes avaient le droit de jouer, et un examen hâtif du répertoire montre que les écrivains de théâtre sont presque exclusivement des hommes. Il y aurait cette loi : de ce qui touche *de trop près* à la féminité, ce sont les hommes qui s'occupent, car là est leur désir.

A contrario, les femmes excellent depuis le XVIIe siècle dans le roman, qui est l'exact opposé du théâtre, car son astreinte est de faire-monde selon l'achèvement de l'écriture. Masculinité du roman, qui propose à l'admiration sa complétude, le Tout de ce qu'il suscite. Le roman est une affaire de femmes.

Le freudisme dit tout cela en trois mots : « *Girl is Phallus.* »

XLVII

Aux prises avec l'incomplétude, martyrisé par le pastout, jaloux du roman, l'auteur de théâtre veut souvent *compléter*. Anxieux d'être suspendu à l'aléatoire d'un événement, il l'anticipe avec désespoir. D'où les didascalies, au XIXe siècle interminables, qui prétendent faire le décor, les costumes, les gestes, les figures... En fait, invasion du théâtre par le roman, sous la loi d'un auteur qui voudrait bien faire tout de sa proposition théâtrale.

Le théâtre réel balaie tout cela, expulse le roman, châtie les didascalies. Il revient, de ce fait, *au texte*, en se débarrassant du mauvais livre où les didascalies le clouaient.

L'impossibilité de défaire le texte de sa saturation romanesque gêne la représentation. On le voit avec Samuel Beckett. Si grandes qu'aient été les mises en scène de Blin, qui avaient l'accord de l'auteur, et jouaient une partie considérable des didascalies, il faudrait aujourd'hui pouvoir faire, sur scène, de ces incontestables chefs-d'œuvre, *autre chose*. Comme Chéreau l'a tenté, sans succès décisif (mais la tentative devait exister), pour Genet, notre autre grand auteur de théâtre d'après la guerre (avant la guerre, il n'y en a qu'un, Claudel). Il faudrait un *second croisement* du texte et d'un principe de complétude (pour faire court: d'un metteur en scène). Beckett ne peut pas, ne veut pas. On le comprend, on le respecte, et son théâtre, immense, dort, provisoirement.

Faut-il aller jusqu'à dire cette atrocité: que la mort du

génie libère l'incomplétude de ses pièces ? Oui, le théâtre est cruel, s'il n'est pas, s'il n'est jamais, « théâtre de la cruauté ». Il est cruel parce qu'il ne peut appartenir à un seul.

XLVIII

Paradoxe : on peut donc écrire pour le théâtre, aussi bien dans la presse absolue de son urgence — les écrivains-comédiens, Shakespeare, Molière — que dans l'indifférence la plus totale à la représentation (le premier Claudel), car ce qui décidera est rétroactif. La *distance* d'un texte au théâtre varie de zéro à l'infini, ce n'est pas elle qui commande que le texte soit, artistiquement, texte de théâtre.

XLIX

Je commence une pièce. J'écrirai toujours finalement : Untel. — « … » Je n'ai pas à décrire Untel. Il est ce qu'il dit. De même que seule la représentation qualifie le texte de théâtre, de même, à l'intérieur de ce texte, seule la profération qualifie le personnage. Le texte de théâtre est donc le règne le plus absolu de la parole qui se puisse concevoir. «Words, words, words...» Le texte de théâtre exhibe la loi même du désir, car le sujet n'y existe qu'enchaîné à son discours. Et rien d'autre.

Sinon que du corps à la fin se dispose à être marqué par ces mots. Corps d'emprunt, corps précaire, celui de l'acteur. Tout aussi bien, donc, corps glorieux. «Il est le personnage», dit le critique. Il n'est rien du tout, car le personnage n'existe pas. Il est un corps mangé aux mots du texte.

Du reste, le texte politique non plus ne décrit nul acteur. Et pourtant, l'action politique n'est *que* dans ses acteurs. Si je les décris toutefois, ce n'est plus d'un texte politique qu'il s'agit, mais d'un livre d'histoire.

L

Le texte de théâtre *est* un texte exposé à la politique, forcément. Du reste, de *L'Orestie* aux *Paravents*, il articule des propositions qui ne sont complètement claires que du point de la politique. Car ce à quoi le texte de théâtre ordonne son incomplétude est toujours la béance du *conflit*. Un texte de théâtre commence quand deux «personnages» *ne sont pas d'accord*. Le théâtre inscrit la discordance.

Or il n'y a que deux discords majeurs : celui des politiques, et celui des sexes, dont la scène est l'amour.

Deux unique sujets, donc, pour le texte de théâtre : l'amour et la politique.

Le théâtre : que ces deux sujets n'en fassent qu'un. Tout est dans le nœud de cet un. Et tout le point du théâtre d'aujourd'hui, que ni l'amour ni la politique ne soient des forces que l'époque soit prête, vraiment prête, à *clarifier*.

LI

L'EMPIRISTE. — Il m'a semblé qu'au passage vous proposiez encore une liste. Voudriez-vous la confirmer, que je la note dans mes tablettes empiriques ?

MOI. — Diable ! Laquelle ?

L'EMPIRISTE. — La liste des grands auteurs de théâtre, de langue française, et au XXe siècle. J'ai entendu : Claudel, Genet, Beckett.

MOI. — Je trouve excellents Vinaver, Vauthier, Kalisky, Koltès, bien d'autres.

L'EMPIRISTE. — Ne rusez pas. Votre minimaliste, comme vous dites, les noms assurés, les classiques contemporains déjà garantis ?

MOI. — D'accord, ces trois-là.

L'EMPIRISTE. — Et en Allemagne, dans la même période ?

MOI. — Je ne vois que Brecht.

L'EMPIRISTE. — Botho Strauss, qu'en dites-vous ?

MOI. — Si Botho Strauss en tant qu'allemand, alors Anouilh en tant que français.
L'EMPIRISTE. — Et en Italie ?
MOI. — Pirandello.
L'EMPIRISTE. — Et Peter Handke, l'Autriche, Thomas Bernhard ?
MOI. — Si Peter Handke et Thomas Bernhard, alors Giraudoux et Montherlant.
L'EMPIRISTE. — Redites-moi un peu votre minimaliste ?
MOI. — Claudel, Pirandello, Brecht, Beckett, Genet*.
L'EMPIRISTE. — Auriez-vous une liste des grandes actrices, des grands acteurs ?
MOI. — Une dissertation, en forme d'aveu, d'abord.
L'EMPIRISTE. — Je m'en doutais !

LII

Je voudrais confesser une chose assez trouble, assez indéfendable : je n'aime pas beaucoup les acteurs. J'en *admire* quelques-uns, mais c'est tout autre chose que d'admirer et que d'aimer. Pour que l'acteur cesse, dans son être subjectif, de provoquer en moi un malaise et un doute, il faut que j'aie l'assurance qu'il est aussi, comme à distance de soi, l'intellectuel de son art, que j'éprouve, comme au revers de sa flexibilité, la solidité latente du concept. Un Vilar, quand je le lis, un Vitez, quand je le vois, ne sont acteurs à mes yeux que sur le socle d'une Raison. Mais quelle est, de l'acteur, la raison discernable ? On a cherché, à l'époque révolue de l'autorité syndicale, à nous présenter l'acteur comme un « travailleur » des plus ordinaires, soucieux de formation professionnelle et de primes de rendement, confronté aux dures réalités du coût de la vie, en tout substituable, jusqu'aux bureaux des confédérations, à un employé de banque. François Regnault a écrit sur l'aberration de cette image des choses définitives. Plus proche du réel de l'acteur est l'excommunication : chacun sent bien, et moi d'abord par le peu de goût que j'en ai, que l'acteur, même hors le feu et l'instant de la scène, porte une irrémédiable singularité, qu'il ne saurait être dans le quelconque du lien social, qu'il participe d'une procédure d'exception, que son métier n'en est pas un, que son identité n'est d'aucune carte, que sa beauté est soustraite aux simples grâces de la nature, que sa voix est autre chose qu'une parole, et que ses gestes viennent d'ailleurs que des apprentissages de l'enfant.

L'acteur fait question. Qu'il existe ce faux emploi fait *vaciller* un principe intellectuel. Mais quel principe ?

LIII

La doctrine ordinaire sur ce point est connue : ayant à figurer des sujets de toutes sortes, l'acteur serait acteur de soi-même, identité évasive, imitation sans nul point fixe. Il incarnerait la mimésis, et donc, dépourvu de fond, ou plutôt n'ayant pour fond que la surface, il serait forcément quelqu'un de peu de foi. De peu de Foi, pensait l'Église, qui a un besoin organique de fond et de fondement, et qui est menacée dans ce fond, lequel est aussi son fonds (de commerce), par la ductilité de l'acteur, transporté sur toutes les surfaces, et attestant, par les transports que suscite dans le public ce transport, qu'il y a une jouissance telle de l'imitation, qu'on n'a plus même à la soutenir par un point fixe. Mais l'acteur hors scène n'imite rien, étant l'imitation, elle-même. C'est donc lui, plus encore que le théâtre, qui est suspect. Comme les femmes, dont on disputa longuement si elles avaient une âme, l'acteur pourrait bien montrer un *sujet sans substance*. Il y a un *cogito* de l'acteur, plus proche sans doute de celui de Lacan que de celui de Descartes : là où l'on pense que je suis, je ne suis pas, étant là où je pense que l'on pense qu'est l'Autre.

LIV

Ce qui vacille, c'est le principe d'identité ? Que Lui soit un Autre-que-Lui ? Dieu subverti par la profanation mimétique ? C'est vrai qu'il faut aussi prendre, sur cette question *intime* des acteurs, le biais de l'Église.

Pourquoi l'Église, j'entends la catholique, si évidemment théâtrale dans ses pompes, décors comme il serait vain de vouloir en refaire, tentures violettes, acteur central en costume blanc et or flanqué de figurants blondinets marqués de rouge, musiques tonnantes ou filées insidieuses dans le ramage des tuyaux, chœurs tragiques ou ployés, public que la scène centrale, nommée Cène, jette à genoux, langue élevée vers l'ésotérisme, drame inoubliable de la Présence, succession réglée de péripéties, « fracas originel », oui, pourquoi cette Église qui convoquait à son spectacle, hebdomadairement, la Foule intégrale, qui a écrit et joué sans relâche pendant des siècles la même pièce — un « tube », celui-là, dont tout imprésario d'aujourd'hui ne peut qu'être écrasé —, qui a inventé le Déplacement (quand l'officiant se retourne et braque vers le public l'injonction du regard sacré), l'Excentrement (quand il monte en chaire, insurpassable escalier secret en colimaçon, et invective de haut le public abasourdi), la Pause immobile (quand il marmonne, de dos, et que le public attend la fin de cette suspension des Actes), le Geste en découpe (quand il élève le ciboire), le Changement de costume, les Accessoires, et même la Suavité des parfums, pourquoi a-t-elle dénoncé et excommunié le théâtre, jeté les acteurs, de nuit, dans des fosses communes, déchiffré dans le zèle des publics, sauf le sien, la luxure et l'oubli ? S'agissait-il d'une jalousie d'organisateur de tournées, d'une volonté sordide de monopole ? Fallait-il que tous les théâtres sans exception n'affichent que la Messe ? Que ne soient acteurs que les curés, figurants que les enfants de chœur, costumières que les brodeuses de chasubles, musiciens de scène que les organistes ? Le droit de discuter dans les salons du mérite des vedettes ne devait-il s'étendre, aux yeux de ces auteurs intemporels et atrabilaires, qu'à la comparaison entre Bossuet et Bourdaloue ?

LV

Il est aujourd'hui possible de revenir tranquillement sur cette irritante question : la Pièce ne se joue plus que convivialement, dans des décors en béton précontraint, autour d'une table en bois blanc familiale sur laquelle est négligemment posé un ciboire de quincaillier. L'acteur central, dont le souci est de se distinguer aussi peu que possible de son maigre public, arbore un veston gris, les figurants ont disparu, on s'assied en rond pour sermonner, ce qui est raisonnable, vu qu'on ne sermonne plus personne. Qui donc aujourd'hui n'a pas aux yeux du Seigneur, qui n'est qu'un suprême copain, de solides excuses à faire valoir pour tout péché canonique ? Il n'y a du reste plus de péché, seulement des pulsions et des fantasmes, qu'un franc débat démocratique raccorde aux légitimes diversités du Moi. Et comme tout cela se fait sur fond de grattouillis de guitare, rien ne distingue une église, sinon le clocher, qu'on espère de plus en plus court (car sa surrection est offensante), d'une maison des jeunes et de la culture, lieu dont on sait que, s'il lui arrive de théâtraliser, c'est aux dépens du théâtre.

LVI

On dira que les intégristes, avec leur meute de vieux sergents coloniaux, de notables de la Mayenne, de jeunes bourgeoises vindicatives et de crânes rasés du Front national, tentent de maintenir, outre le latin et les péchés capitaux, quelques effets de Cène, dans les tanières ecclésiastiques qu'ils ont occupées de vive force. Ces sinistres parodies ne nous donneront pas le change, non plus que l'usage de clavecins ébréchés et de violes de gambe rafistolées ne nous convainquent qu'un musicien baroque dont l'oubli total honore le goût des siècles est plus vivace que Haydn. La Messe est usée, le théâtre de la Présence oblitéré. Nous nous demandons, en bout de course, pourquoi il s'est considéré comme ennemi de tout théâtre profane, et ce que cette vindicte portait de vérité, fût-ce sans le savoir, sur la profonde dialectique de la scène et de l'âme.

LVII

Plutôt que la vacillation d'un principe d'identité, m'intrigue dans cette malédiction qu'on puisse, qu'on doive, y supposer quelque pensée quant aux femmes. L'Église a longtemps douté qu'elles aient une âme. Or je tiens que le théâtre est noué de façon cruciale à ce problème très obscur : l'âme des femmes, si elle existe.

On ne peut tenir pour rien que si longtemps, et dans tant d'endroits, seuls les hommes aient exercé la fonction d'acteur. Contrairement à l'hypothèse banale, qui veut qu'on ait tenu la substance maternelle des femmes hors des périls de l'imitation (parce qu'une femme actrice, on ne peut faire fond sur ce qu'elle reproduit, c'est le cas de le dire), je pense que les femmes étant tenues pour imitatrices de nature, elles auraient corrompu la jouissance de l'imitation, que les hommes devaient acquérir. Les hommes portent à son comble l'imitation, parce qu'ils ont à l'imiter. L'homme imite l'imitation, et cela seul fait l'acteur, donc le théâtre. On peut du reste dire qu'un acteur, en ce point qu'il soit homme ou femme importe peu, est d'abord celui qui *imite une femme*, parce qu'il imite l'imitation. Tout le monde sait qu'un homme qui joue la femme, c'est du théâtre, ce que n'est pas, par soi-même, une femme qui joue l'homme. Quant à une femme qui joue la femme, c'est un emploi ordinaire dans la vie, tant qu'elle ne va pas jusqu'à jouer ce jeu même, donc imiter l'imitation qu'elle prodigue en tant que femme. Il est certain que l'acteur subvertit la différence des sexes, et je suis assuré que ce qui vacille désagréablement en moi à son contact est cette différence, dont je suis fort partisan. Mais cette subversion passe par les chicanes de l'imitation à la seconde puissance, elle n'est pas donnée dans l'équivoque. Je ne crois nullement au thème de l'acteur androgyne ; au contraire, rien de plus distinct au théâtre que les hommes et les femmes. Acteurs et actrices présentent la différence, la consolident, mais c'est aussi bien pour que l'imitation circule de telle façon que cette donnée, accentuée d'une part, soit excentrée et retournée de l'autre. Un enjeu majeur du théâtre, déjà suspect pour toute Église, est de proposer la thèse suivante : les deux sexes diffèrent, radicalement, *mais* il n'y a exactement rien de substantiel dans cette différence. Le théâtre nous introduit par son jeu à ce premier point de l'éthique : sache que nulle différence n'est naturelle, et d'abord pas celle qui institue qu'il y a des hommes et des femmes. On peut le dire autrement : *si* les femmes n'ont point d'âme, alors personne n'en a.

LVIII

Le théâtre véhicule dès l'origine un « féminisme » essentiel, qui n'a pas pour fondement l'égalité, mais le néant substantiel de ce qui marque la différence des sexes, le caractère purement *logique*, et transparent, de ce marquage. Ou encore, si l'on veut, que *la* femme n'existe pas, puisqu'un homme, ou une femme, acteur, ou actrice, est fondé à en produire les signes, ou les insignes. Cela seul peut expliquer que le théâtre des Grecs présente de puissantes figures de femmes, dans une société où les femmes sont politiquement absentes, socialement confinées, et philosophiquement tenues dans un arrière-plan barbare.

LIX

Je crois remarquer, contrairement à une opinion commune, qu'il y a moins de grandes actrices de théâtre que de grands acteurs. Il est certainement plus difficile pour une femme d'être actrice, dès lors que touche à l'essence du théâtre d'imiter l'imitation féminine. Une actrice fonctionne à la puissance trois (imitation de l'imitation de l'imitation), son jeu est nécessairement médié, en un point, par la disposition masculine. Elle doit *aussi* devenir l'un de ces hommes qui seuls avaient le droit d'être acteurs, elle doit, sur scène, reconquérir à tout instant ce droit, que nulle institution ne peut garantir. Il est indispensable qu'on ne perde jamais de vue qu'une actrice, une femme, joue ce qu'un homme estimerait nécessaire pour jouer une femme qui joue un homme*. Il y faut un extrême sang-froid de l'hystérie elle-même. L'acteur peut constamment se tenir aux lisières de l'équivoque, il *prend appui* sur les limites de sa propre universalité. Une actrice est toujours aux limites de l'absence de limites, elle fonctionne *au bord du vide*. Beaucoup d'actrices sont tentées de combler ce vide par le retour à l'imitation simple, laquelle est emphatique, ployée, pleureuse. L'éthique du jeu impose aux actrices une distance inconsciente qui est pour elles le comble de l'artifice maîtrisé, le comble de l'art. De là aussi qu'une grande actrice saisit et fascine, étant plus générique qu'un acteur, plus proche de l'Humanité, laquelle est ce vide au bord duquel elle se tient.

LX

L'EMPIRISTE. — Dites donc! Vous pourriez prendre quelques risques! Des noms! Qui sont ces actrices fascinantes et rarissimes? Et qui sont ces emphatiques ployées et pleureuses?

MOI. — Leur gloire est si assurée que je peux citer, sans dommage pour elles, deux actrices que je n'aime guère : Jeanne Moreau et Maria Casarès.

L'EMPIRISTE. — Vous n'y allez pas avec le dos de la cuiller. Et celles que vous aimez?

MOI. — Ce ne peut être, voyez mes principes, des actrices, en tant que nom propre ou substance subjective supposée. Ce ne peut être que des actrices *dans la singularité événementielle d'un spectacle*.

L'EMPIRISTE. — Pas de faux-fuyants. La liste !

MOI. — Tout empiriste est un policier britannique. Bon. D'un souffle :

— Madeleine Renaud dans *Oh ! les beaux jours* (Beckett / Blin)

— Jany Gastaldi dans *Faust* (Goethe / Vitez, 1970)

— Claire Wauthion dans *Britannicus* (Racine / Vitez)

— Madeleine Manon dans *Bérénice* (Racine / Vitez)

— Maria de Medeiros dans *La Mort de Pompée* (Corneille / B. Jaques)

— Édith Clever dans *L'Orestie* (Eschyle / Stein)

— Jutta Lampe dans *Phèdre* (Racine / Stein)

— Nada Strancar dans *Les Quatre Molière* (Vitez)

— Dominique Reymond dans *Falsch* (Kalisky / Vitez)

— Maddalena Crippa dans *Le Triomphe de l'amour* (Marivaux / Vitez)

Je suis au bout du rouleau, mais il y en a d'autres*.

L'EMPIRISTE. — C'est une liste farfelue. Je vous rends à vos dogmatisations sexuelles.

LXI

De façon générale, le mauvais théâtre, apte à rassurer les Églises, est celui qui naturalise les différences. Il cède sur l'éthique du jeu en ceci qu'il distribue des substances. Il fait comme si l'imitation de l'imitation n'était que le redoublement de l'imitation, ce qui suppose qu'*il y a quelque chose à imiter*. Or l'imitation seconde, qui seule présente les différences comme des transparences sans objet, est le processus imitatif, qui n'existe que dans son acte. Il est le jeu même, le jeu du jeu. Il *doit* surprendre, sauf à prétendre qu'existe une nature du rôle. Saisi des débats interminables pour savoir si Hamlet est un phobique ou un schizophrène, ou s'il ne sait comment affronter la castration, Lacan y mettait fin par cette remarque, qui m'a toujours réjoui, que de telles consultations analytiques étaient vaines, de ce que Hamlet *n'existe pas*. Ce qui se présente est l'acteur et si son jeu présume de l'existence de quelque chose comme Hamlet, le théâtre est dissous. Le mauvais théâtre, que j'appelle depuis le début le «*théâtre*», fait de l'acteur le professionnel stabilisé d'un réseau de signes vocaux et gestuels à quoi se reconnaît que quelque chose existe. Il suscite une complicité de reconnaissance. Il évite au spectateur ce travail attentif de la pensée, qui consiste, à partir de présences scéniques incalculables, à accéder aux conventions universelles de la différence sans objet. Le «*théâtre*» nous propose une mise en signes des substances supposées. Le Théâtre, une procédure qui exhibe l'humanité générique, c'est-à-dire des différences indiscernables qui *ont lieu* sur scène pour la première fois. C'est pourquoi il y a quelque chose de douloureux dans l'attention exigée du spectateur de Théâtre, alors qu'aisance et facilité règnent au « *théâtre* ».

LXII

J'avance ceci ; c'est le mauvais théâtre, le « *théâtre* », qui est dans la descendance de la Messe, rôles établis et substantiels, différences naturelles, répétitions, événement falsifié. On y goûte, on y mange, le puceau, l'hystérique vieillissante, le tragédien à la voix sonore, la virtuose des déplorations, l'amoureuse frémissante, le jeune homme poétique, comme, sous les espèces de l'hostie, on mange Dieu. On sort de là conforme aux dispositions placardées. On obtient le salut pour pas cher. Le vrai théâtre fait de chaque représentation, de chaque geste de l'acteur, une vacillation générique pour qu'y soient risquées des différences, sans nul appui. Le spectateur doit décider qu'il s'expose à ce vide, en partage la procédure infinie. Il est convoqué, non au plaisir (lequel survient peut-être, « par-dessus le marché », comme dit Aristote), mais à la pensée.

LXIII

Une conséquence capitale de tout cela : la vertu centrale de l'acteur n'est pas technique, elle est éthique. Il faut se tenir constamment dans l'en-deçà de la recherche d'un effet, car tout effet présume que l'imitation est simple, qu'elle dispose d'un objet. Il faut se tenir au bord du vide, au bord du gouffre, contre lequel rassure d'invoquer, justement, la puissance des effets. Il faut être à tout instant *singulier*. La singularité est beaucoup plus difficile que l'originalité, car un simple original finit par se jouer lui-même, par devenir la nature d'appui des différences. La singularité est une composition sans concept. Il en résulte qu'il n'y a pas de « bon acteur », si l'on entend par là un acteur « garanti », quelles que soient les circonstances scéniques. Cette garantie ne pourrait être que technique. Ce n'est que dans l'événement scénique qu'un acteur, une actrice peuvent exceller, quand la virtualité éthique du jeu trouve à s'accomplir. Mais l'événement scénique à son tour exige la conjonction de deux artistes : l'écrivain de théâtre et le metteur en scène ; un acteur, une actrice sont finalement *l'entre-deux éthique de deux propositions artistiques*.

LXIV

Finalement, ce que l'Église exècre dans le théâtre, et plus spécialement dans le jeu, c'est qu'à l'éthique naturelle dont elle organise pour son propre compte le spectacle, le théâtre oppose une éthique de l'événement et de la singularité. Pour l'Église, l'art est ornemental, il exhausse de sa puissance la répétition scénique des figures de l'ordre sacré. Pour le vrai théâtre, l'art est initial (le texte du poète) et terminal (la représentation gouvernée par le metteur en scène). Entre les deux, il n'y a pas la médiation d'un ordre, fût-ce celui du métier, de la technique, du talent. Il y a une disponibilité éthique dirigée contre tout substantialisme, toute conception figée de ce que sont les rôles, les hommes, les représentations. L'acteur exhibe sur scène l'évaporation de toute essence stable. La fermeté des signes corporels et vocaux dont il se pare sert avant tout à établir, par surprise et délice, que rien ne coïncide avec soi-même. L'éthique du jeu est celle d'une *échappée*, on pourrait dire : l'« échappée belle ». En particulier, l'acteur opère contre toute théorie naturelle des différences, et en particulier de la différence des sexes. Il artificialise ce que nous croyons le plus évidemment *donné*, conjoint ce que nous imaginons depuis toujours séparé, sépare ce dont l'unité semblait acquise. Le jeu de l'acteur est toujours *entre-deux*. Cet entre-deux *opère* dans le pur présent du spectacle, et le public, qui dans la Messe est ployé par la

Présence, n'accède à ce présent que dans l'après-coup d'une pensée. Ce que le vrai théâtre présente n'est pas représenté, et « représentation » est un mot mal placé. Un spectacle de théâtre est, chaque soir, une inauguration du sens. L'acteur, l'actrice sont, quand texte et mise en scène savent solliciter l'éthique virtuelle du jeu, le pur *courage* de cette inauguration.

LXV

Un deuxième paragraphe capital, ce 65! Et le 66, donc! J'y propose une réforme, une vraie. Une réforme radicale: celle du salut, du mode sur lequel, à la fin de la pièce, le public se *conjoint* aux acteurs alignés par la crépitation des applaudissements.

Comme toute réforme, surtout si elle s'annonce radicale, la mienne se tire d'un axiome douteux par des raisonnements délétères. L'axiome, que je soutiens quelles que soient les circonstances, ce qui est la moindre des choses pour un axiome, est celui du paragraphe 63: l'acteur n'est pas un artiste, c'est un héros moral. Il ne relève pas de la critique du jugement, mais de la critique de la raison pratique. La proposition éthique de l'acteur suppose une proposition artistique, et même deux: en amont, celle de l'auteur de théâtre, ou poète, en aval, celle de l'artiste de théâtre, ou metteur en scène.

Histrions, ne le sont que l'auteur et le metteur en scène. L'acteur est le sérieux interstitiel de cette double histrionie.

De cet axiome résulte, par le simple usage de quelques lois de la Logique, qu'il est non seulement inutile, mais nuisible, voire blasphématoire, que les acteurs et actrices viennent saluer à la fin du spectacle. L'introduction éventuelle de l'attrait empirique, et quasiment lubrique, des applaudissements et bravos dans l'austère exécution du devoir de l'acteur en corrompt inévitablement la substance. Que s'ils se font siffler, c'est pire, car, ou c'est la sainteté même de la Loi morale à laquelle ils se sont publiquement sacrifiés qui est ainsi couverte de quolibets, ce dont on voit l'horreur, ou, les acteurs ayant défailli (étant de mauvais acteurs), c'est de *n'avoir pas* soutenu l'ordre moral du Sujet qu'on les accable, ce qui est néfaste, puisque, aussi bien, c'est à leur seul jugement intérieur, et non à la sanction de la réprobation publique, que renvoie, pour les acteurs et actrices, une supposée défaillance de l'impératif du Jeu. Pour n'exposer ni l'acteur à la tentation d'une récompense, ni le public au philistinisme du blâme, la plus efficace mesure est de supprimer sans délai l'exécrable coutume qui ramène devant nous, avec toutes sortes de mines hypocrites, les acteurs, après même qu'ils ont achevé cela seul qui compte, leur Action, rédemptrice quotidienne et collective du Sujet sexué.

LXVI

N'y aura-t-il donc plus aucun salut ? Que non ! Car la même raison qui exclut d'une telle singerie la noblesse d'âme des acteurs, dévouée à l'éthique, y convoque nécessairement ceux qui sont en revanche dévoués à l'art, c'est-à-dire à quelque vérité générique. Si le devoir des acteurs est de se soustraire à l'approbation comme au blâme, le devoir des auteurs et des metteurs en scène (et de leurs acolytes : décorateurs, musiciens, costumiers, hommes des lumières…) est évidemment de les quémander, ou plus exactement : d'enquêter sur la disposition collective du spectacle. Auteur et metteur en scène d'un spectacle seront donc *tenus* de venir saluer chaque soir. On montrerait aisément que s'ils sont portés aux nues par une foule en délire, c'est peut-être excellent du point des valeurs d'enquête positives quant à la généricité du spectacle, et que s'ils sont copieusement sifflés, cela va dans le sens des valeurs négatives, à moins que, sous l'hypothèse d'un encroûtement cognitif du public, il faille conclure à l'envers, mais toujours on pourra conclure, et contribuer ainsi au devenir de quelque vérité artistique.

Que faire si l'auteur est mort (on tiendra qu'un metteur en scène mort ne peut plus mettre en scène) ? Comme tout impératif, celui du salut des hommes de l'art ne peut souffrir d'exception. On convoquera donc tous les soirs un acteur, chargé de représenter l'auteur mort, et d'endurer à sa place les bravos et les sifflets. L'objection qu'ainsi un acteur salue, contrairement aux conséquences fatales de l'axiome, ne tient pas, car l'acteur en question ne salue nullement, il joue, il joue l'auteur mort en train de saluer. Et il met dans ce jeu toute sa conscience éthique, sourd à la rumeur de la salle, dont il sait qu'elle ne s'adresse pas à lui, mais au mort dont il tient lieu.

Ce qui est évidemment exclu est que cet acteur revienne *ensuite* saluer en son nom propre, dans le but de recevoir la récompense ou le châtiment de son jeu, tel qu'il en fit l'exercice dans ces rôles désormais bien connus du répertoire, « Molière mort saluant après *Le Misanthrope* », « Shakespeare mort sifflé après un *Hamlet* calimateux », etc. Laissons une fois encore à la seule conscience de l'acteur la question de savoir si c'est le respect de la Loi qui a guidé ses gestes obséquieux d'auteur en enquête saluante, ou s'il s'est imaginé un instant que l'on battait des mains pour lui, l'acteur, dans la vaine nostalgie des temps corrompus où l'on exposait au public, comme à la foire, les monstres immortels de la moralité.

LXVII

Cependant, le spectateur, au nom de quoi, sous quel prétexte, reste-t-il dans son fauteuil, sinon qu'au titre de l'État, dont le théâtre participe, il est obligatoire de demeurer là où l'ouvreuse vous place, comme il l'est de rester sur sa chaise à l'école ? C'est d'ailleurs toujours un peu clandestinement, par rangs entiers en contagion de l'ombre, sur la pointe sonore des pieds, ou après le premier entracte, que ceux qui refusent d'en entendre davantage s'en vont, ou s'enfuient, d'autant plus nombreux, c'est une règle démontrable, que le spectacle est novateur et dense, retenus toutefois si la presse d'opinion culturelle pour salle des professeurs (soit en tout et pour tout *Le Nouvel Observateur* et *Libération*, mais ces deux organes n'ont pas, en matière de théâtre, le goût le plus sûr, ni l'aptitude à discerner la réquisition conceptuelle du clinquant flatteur de névroses) a recouvert le spectacle que le potentiel fuyard endure des parfums de ce dont il faudra causer.

On distingue déjà deux régimes de la fixité du regard : la contrainte écolière et le snobisme. Du théâtre comme pédagogie morose (un aspect du brechtisme, sinon de Brecht), du théâtre comme support de la glose culturelle, comme indice sérieux du collectif bavardage. Ainsi…

LXVIII

L'EMPIRISTE. — Ce « clinquant flatteur de névroses », ces vessies d'opinion que d'honorables gazettes prendraient pour les lanternes du théâtre contemporain, vous ne pourriez pas m'en citer quelques titres ? Pour que je ne sois plus égaré…

MOI. — Le meilleur exemple n'est pas de théâtre, mais de danse, c'est Pina Bausch, inadmissible coqueluche.

L'EMPIRISTE. — Laissez la danse tranquille, s'il vous plaît, vous n'y connaissez rien. Un paradigmatique spectacle snob, de théâtre, et récent, voilà ce qu'il faut au spectateur que la presse trompe honteusement.

MOI. — Je n'ai pas dit que la presse trompait le spectateur petit-bourgeois, c'est aussi bien lui qui la trompe, car elle concentre sa prédisposition à fuir le théâtre, en l'y retenant par ses *mauvais côtés*.

L'EMPIRISTE. — Un exemple.

MOI — Les livres de théâtre, sauf ceux des artistes de théâtre, Stanislavski, Meyerhold, Brecht, Jouvet, Vilar, Vitez, ou ceux, trop rares, de spectateurs qu'arme un destin d'hommes de théâtre, comme Regnault, ne sont faits que d'images et d'exemples. Ils sont vieux à peine parus, car le théâtre se mesure à l'éternité, non en demeurant, mais en disparaissant. L'essence éternelle d'un spectacle est dans son avoir-en-lieu, que nul reportage émietté ne restitue. *A fortiori* si je mentionne un spectacle à mes yeux médiocre, mais glorieux dans l'opinion, faible d'Idée mais fort de Doxa, nul ne saura dans six mois, dans un an, de quoi je parlais là.

L'EMPIRISTE. — Croyez-vous que je vais applaudir cette dérobade pompeuse ? Vous avez cité *Libération* et *Le Nouvel Observateur*, c'est assez pour garantir qu'aucune éternité ne peut vous entendre! Si vous ne me donnez pas mon exemple, je croirai que tous êtes pusillanime.

Moi. — Avec de tels arguments... Bon, disons *La Servante Zerline*, texte tiré de Broch, mise en scène de Grüber, rôle principal Jeanne Moreau. Je tiens à signaler premièrement mon admiration pour *La Mort de Virgile* de Broch, et deuxièmement que Grüber est à mes yeux un des cinq plus grands metteurs en scène européens d'aujourd'hui. Mais *La Servante Zerline* est un spectacle à la fois faible et bas, esthétiquement et éthiquement démagogique. Ma thèse est que Grüber, le sachant, a dormi, complètement ivre, pendant toute la durée des répétitions, sur le lit qui figure au fond du décor.

L'EMPIRISTE. — Vous seriez bien en peine de prouver une pareille thèse.

Moi. — Bah! Comme disait Rousseau, «écartons tous les faits».

L'EMPIRISTE. — Un fait que vous n'écarterez pas, c'est la liste des cinq plus grands metteurs en scène européens.

Moi. — Vous avez l'oreille fine.

L'EMPIRISTE. — Alors?

Moi. — Chéreau, Grüber, Stein, Strehler, Vitez.

L'EMPIRISTE. — On ne peut pas dire que ce soit «place aux jeunes»!

Moi. — Le théâtre, depuis quelques années, ne va pas très bien.

L'EMPIRISTE. — Vous me faites rire ! Il va toujours mal, le théâtre.

Moi. — Il est vrai que, puisqu'il a un jour commencé, il ne peut mourir. Et puis je ne suis qu'un spectateur, je ne vois pas tout, je ne vois même pas un raisonnable pas-tout. Je connais très mal les metteurs en scène russes. Est-il certain qu'il faille reléguer P. Brook trop loin du sommet ? Il y a un problème particulier pour Bob Wilson, qui n'est pas vraiment un « metteur en scène », plutôt un « auteur de représentations », et dont les imageries spatio-temporelles oscillent entre le bouleversant et le répugnant (au sens où souvent je répugne à endurer ce qui est là montré, sonorisé, comme une sorte de Nature puérile et artificielle). Et tant d'autres, dont il faudrait examiner *le cas* !

LXIX

Après tout, ce que j'appelle le « clinquant des névroses », est-ce si éloigné de ce qu'Aristote appelle la « catharsis » ? Que les passions soient grandes ou petites, il reviendrait toujours au théâtre de nous en purger (ou de les purifier ? C'est tout le problème). Et ce que je décris comme une contrainte écolière, ne serait-ce pas la distanciation ? Le théâtre non aristotélicien de Brecht, qui doit nous inscrire dans le circuit, dialectique de la conscience de classe ? On en serait donc toujours là :

— Ou le théâtre est une machinerie captatrice d'identifications désirantes, et sa portée est analogiquement psychanalytique. Il transfère, déplace, filtre et purifie ce que l'envers sexuel de l'être parlant y accroche de significations latentes.

— Ou le théâtre est un appareil pédagogique perfectionné, et sa portée est analogiquement philosophique. Il décale l'Idée dans le voile de la représentation, et nous contraint à une élucidation dont, si nous n'avions pas pour la susciter le mirage des voix et des corps, nous n'aurions pas même cure de savoir qu'elle peut exister.

Ni dans un cas ni dans l'autre, la règle classique (« il s'agit de plaire ») n'est directement mentionnée. Le spectateur serait là, non pour le plaisir, mais pour une thérapeutique, ou pour un apprentissage. De là viendrait qu'en dépit de ses variantes dites populaires, ou triviales, et de ses déchéances embourgeoisées, le théâtre demeure indéfectiblemet *sérieux*.

LXX

Donc : dans une localisation étatique, et sous la condition d'une éthique du jeu, un sujet-spectateur serait mis en place par les sept éléments constitutifs du théâtre, de telle sorte que ce sujet, soit transfère aux simulacres scéniques ce que son désir fait insister, soit occupe au regard de l'Idée latente aux apparences rouge et or la position universelle du philosophe sans le savoir.

LXXI

Du coup, l'insondable mystère du théâtre (mais qu'est-ce, à la fin, que le théâtre?) occuperait la position matérielle d'une autre question dont on connaît aussi le peu de clarté, celle des rapports entre psychanalyse et philosophie. Le théâtre serait *l'effectivité* de cette question, convoquant le spectateur à la trancher (s'il est au point du réel de son désir, c'est la psychanalyse, s'il est instruit du chemin de l'Idée, c'est la philosophie), sans que bien entendu on puisse jamais savoir comment il la tranche, puisque si on l'interroge à la sortie, il ne pourra dire plus que «c'était bien», ou «c'était pas formidable», aphorismes dont ni le psychanalyse ni le philosophe ne sauraient tirer la loi de leur triomphe.

LXXII

Le théâtre serait ceci : une machinerie complexe (sept éléments), créant une situation dont la dialectique *objective* se soutient de la majesté de l'État, dont la dialectique *subjective* engage une éthique, spécialement au point de la différence des sexes, et dont la dialectique *absolue* fait advenir un résultat-sujet, un Spectateur, dont on ne peut décider si c'est au réel de son désir que la machination l'assigne, ou à la puissance d'une Idée.

LXXIII

Que le théâtre soit depuis toujours la matérialité d'un problème indécidable entre la maîtrise philosophique et la thérapie du désir, on pourrait sans doute le lire dans quelques hésitations d'Aristote. Mais c'est plus manifeste encore dans ce qui oppose, disons, Platon à Lacan (ou aussi bien à Freud) dès qu'il s'agit de l'examen du poème théâtral. Le premier s'effarouche de ce que le poème puisse prétendre éduquer la jeunesse là même où le philosophe entend bien la régenter : sur ce qu'il faut entendre par la connaissance de la vérité, d'où dépend qu'on puisse connaître les hommes et les Dieux. Dans son infinie et douloureuse polémique contre le théâtre et la poésie, c'est un *rival* que Platon affronte, et qu'il bannit du lieu où le philosophe a pris le pouvoir. C'est au contraire de toute évidence un *complice* que Freud et Lacan interrogent quand ils se tournent vers Sophocle ou Shakespeare.

Rivalité et complicité ont ceci de commun qu'il y faut supposer la communauté d'un enjeu. Qui ne sait qu'un complice est un rival potentiel, justement à raison de ce qui, entre eux, se compte pour un, seulement un, la couronne, par exemple ? Voyez là-dessus les enseignements de Shakespeare, justement, Macbeth, etc. Il est donc assuré que philosophie et psychanalyse reconnaissent que les opérations du théâtre ont lieu sur leurs territoires respectifs, et donc *à l'intersection, toujours disputée, de ces territoires*. La psychanalyse, qui voit là une extension sociale et artistique de son champ, c'est avec gaieté qu'elle procède à cette reconnaissance, et prend dans le répertoire ses concepts (Œdipe) ou ses cas (Hamlet). La philosophie est plus rétive, de ce que, pour elle, l'Idée latente au théâtre ne peut prétendre qu'à la particularité générique de l'art, et non à la Grande Leçon du maître.

Mais peut-être surtout la philosophie voit-elle dans le théâtre, qui la fascine et l'exerce depuis toujours, un mode de l'Idée *que le désir, toujours, infecte.*

Le théâtre serait : la philosophie saisie par la débauche, l'Idée à l'encan du sexe, l'intelligible en costume de foire. De sorte que, par le bout philosophique (l'Idée, l'intelligible), elle rivaliserait avec le maître, et par le bout débauche (le sexe, la foire) serait complice de la psychanalyse.

Le théâtre : la mise-en-corps de l'Idée. Du point du désir, c'est sa vie, du point de l'idée, c'est son tombeau. D'où les anathèmes, et les disputes. Le théâtre comme philosophie bâtarde, ou bâtardise philosophique : impureté principielle, leçon détournée, analyse trop sérieuse pour être vraie, vérité trop ludique pur être assurée. Tourniquet.

LXXIV

Petit retour en arrière. J'ai distingué la dialectique théâtrale objective (l'État du théâtre), sa dialectique subjective (l'éthique du jeu), et sa dialectique absolue (la mise en place soit d'un désir, soit d'une Idée).

Il y a des *rôles* de ces instances de la dialectique théâtrale. Le *metteur en scène* est le régent de l'objectivité, il signe le spectacle, il est du reste souvent aussi le « patron » du théâtre. L'acteur, on l'a vu, est le corps de la subjectivité. Et le spectateur est en position de Savoir Absolu.

Il y a aussi des *relations financières* de ces instances, car dans le monde tel qu'il est toute dialectique se trace sur l'équivalent général monétaire. Le point financier du metteur en scène est la Subvention (objective, étatique), celui de l'acteur est la Dépense (subjective, somptuaire), celui du spectateur est la Recette (insuffisante, comme l'est toujours l'Absolu).

LXXV

Je ne suis pas encore satisfait. Voyons, que se passe-t-il *vraiment* quand je suis spectateur ? « Un exemple ! » dirait l'empiriste, muet depuis que je donne exagérément dans le concept. Que se passe-t-il quand j'assiste à une représentation de *Bérénice* dans la mise en scène de Vitez, ou de Grüber ?

Mais d'abord, que se passe-t-il quand je lis *Bérénice* ?

LXXVI

Quand je lis *Bérénice*, l'effet principal est celui de l'Éternité. Il y a là quelque chose de diamantaire. Ce n'est pas comme le roman, qui traîne à ses semelles tout un détail d'histoires, de décors et de trajets. Le grand texte de théâtre, parce qu'il est ouvert et incomplet, parce qu'il sera joué dans les siècles des siècles, et par des hommes indifférents à tout le contexte de ce texte, des hommes qui ont changé de dieux, dont la cité n'a plus la même forme, ni les amours la même loi, ce texte doit avoir la puissante simplicité de l'intemporel, il doit dire une humanité *générique*, qui puisse passer d'acteur en acteur, de corps en corps, d'État en État, dans la préservation de son sens capital. *Bérénice* : l'amour, l'État, le délaissement. La conjonction et la disjonction. La stupéfiante limpidité glaciaire de la langue, cette musique arrêtée dans sa constante exactitude, tout ce travail formel n'est que le réceptacle du Simple, l'ingénieuse capture d'une essence que vont incarner, dans les siècles des siècles, des corps, des voix, des souffles.

Bérénice, Titus, Hamlet, Oreste, Mesa, Estragon, Scapin, Alceste, Peer Gynt, Rodrigue sont des noms propres de la généricité, ils appartiennent à une langue-sujet qui n'est parlée par personne, étant l'envers éternel de toute langue historique. Les hommes et les femmes que ces noms désignent *peuvent exister à tout instant*. Le texte n'est que le garant, le dépositaire, de cette existence virtuelle, que rien ne peut interrompre, sinon l'incendie des bibliothèques.

Ce n'est pas du tout comme Swann, ou Goriot, ou Saint-Preux, ou Don Quichotte. De ces grands archétypes romanesques, on dira qu'*ils existent pour toujours dans le texte*, et non qu'ils peuvent exister à tout instant. Le personnage de roman est *immortel*, celui de théâtre seul est éternel : je peux, là où est machiné un temps dialectique qui se soustrait au temps (qui ne sait qu'un spectacle retient le temps ?), le *rencontrer*, tel qu'il est devenu hors-temps, mais capable de se temporaliser sous nos yeux.

Il y a donc, premier brin du nœud du théâtre, une éternité, latente au texte, et à ce qui le singularise parmi les autres textes : sa simplicité géniale, sa généricité, que tout nom propre y soit *aussi* un nom commun, et qu'il puisse y avoir, à partir de la seule durée du texte, la course aux flambeaux, pour toujours, des interprétations.

LXXVII

Et maintenant quand je vois *Bérénice* ? Il y a l'instant ineffable de chaque représentation, ce que je ne pourrai jamais ni retenir ni décrire, ce faux temps à l'intérieur de la suspension du vrai, cette histoire immense qui m'est racontée à la vitesse de l'éclair.

Vitez me dira, par sa propre diction projetée loin d'un corps que le geste rétrécit, la douleur sans concept de l'intellectuel Antiochus, qui ne peut retenir une femme ni par l'exploit du pouvoir, ni par la violence du désir, et qui croit encore, et toujours, que dire subtilement sa misère peut convaincre, comme si l'amour ou le désir se prenaient aux rhétoriques du manque, comme si l'aveu d'un défaut, si artiste et sincère qu'il soit, pouvait, cherchant la Mère miséricordieuse, aboutir à autre chose que manquer la femme.

Grüber disposera, dans une sorte de tremblement de l'origine, la séparation des hommes et des femmes, en même temps que l'Histoire légendaire des Empires. Se parlant à voix basse d'un bord à l'autre de la scène, marquant par le geste, la pose, l'étoffe, qu'ils sont bien, exténués, Rome, l'Égypte, la Perse, les acteurs enchâssent Racine dans une vision révisée de Hegel, où toute scène doit se lire comme une figure de la conscience individuelle en même temps qu'elle est une figure de la conscience historique. Le même vide sépare les cœurs, qui oppose les royautés mortes.

Mais tout cela est dans l'instant, sous la contrainte visible, artificieusement unifiée, des sept éléments constitutifs du théâtre. Il n'y a que des déplacements, des lumières, des souffles, des voix. Il y a aussi moi, captif de ma place, et qui ne pense à rien qu'à voir et entendre *exactement*, ce qui à soi seul est un effort plus apparenté à la compréhension d'un énoncé de mathématique qu'à la béate jouissance où me prélassent les images de la télévision. Justement au théâtre, *il n'y a pas d'images*, il n'y a que des combinaisons sensibles dont la perception, si elle est soutenue avec exactitude, *éclaircit l'instant*. Cette façon qu'a Titus (car *c'est* Titus, ce n'est pas une image de Titus, c'est Fontana ou Romans *en tant que Titus*, et non pas imitant Titus, qui n'est pas imitable, n'étant que son éternité latente au texte) de flageoler, de s'évanouir à tout moment

(Grüber), ou au contraire de s'endormir, satisfait et rusé, pour éviter les histoires et les reproches (Vitez), elle organise dans l'instant la *rencontre* de Titue et du spectateur que je suis. Nous avions rendez-vous, c'est l'instant. Qu'il s'évanouisse dans les ombres de l'Empire ou qu'il s'endorme dans la duplicité intrigante, c'est lui que j'ai rencontré, à deux instants différents de son éternité.

On dira donc ceci : la représentation fait rencontre dans l'instant de ce que le texte détient dans l'éternel. Une bonne représentation (une mauvaise est un rendez-vous manqué : il n'y a ni l'éternité ni l'instant, il n'y a que la pénible durée du spectacle). Cette rencontre fonctionne pour le spectateur comme une élucidation de l'instant. Ou encore : parce qu'on y rencontre ce que désigne dans l'éternité un nom propre (Titus), l'instant de théâtre se laisse après coup concevoir comme *instant de la pensée*. Le théâtre serait la perception de l'instant comme instant de la pensée.

LXXVIII

Il y a lire, il y a voir, mais il y a aussi ce qui *opère*, ce qui demeure. Cette rencontre de l'éternel dans l'élucidation de l'instant, quel est son effet sur le spectateur qui l'endure ? Catharsis ? Éducation morale, intellectuelle, politique ?

Il me vient à l'esprit une notation de Vitez : que la fonction réelle du théâtre est de nous *orienter dans le temps*, de dire *où* nous sommes dans l'histoire*.

Le théâtre comme machine pour la question « où ? », machine à localiser, machine d'un rapport topologique au temps.

Grüber, par le moyen d'une rencontre instantanée avec Titus l'éternel, me dirait qu'aujourd'hui est parvenu à son comble le discord originel entre les hommes et les femmes, précisément parce qu'ils se représentent comme des égaux, voire des identiques. Et il me dirait aussi que l'Histoire est achevée, qu'elle a toujours été dans la guise de son achèvement, que notre monde si prospère est surtout, et de toutes parts, *fatigué*.

Et Vitez, par le moyen d'une rencontre instantanée avec le même Titus, saisi dans un autre instant de son éternité, ou avec son compagnon Antiochus, me dirait que l'intellectuel-critique, qui a voulu se tenir dans la proximité des pouvoirs, ou des partis, y a perdu son énergie et ses repères, que la confusion règne du coup sur le désir comme sur la pensée, et qu'à la grande question qui est : « De quoi ce siècle vit-il la mort ? », il faut répondre, du même cri que l'acteur Vitez prête à Antiochus quand la pièce s'achève : « Le communisme, *hélas* ! »

LXXIX

Il y aurait donc trois termes, et non deux :
1. L'éternité des figures, détenue dans le texte, et qui est une capacité simple d'exister à tout instant.
2. L'instant de la représentation, qui machine artistiquement une rencontre avec l'éternel, et procède ainsi à une élucidation perceptive de l'instant comme instant de la pensée.
3. Le temps, dans lequel l'élucidation de l'instant nous oriente, cet instant faisant « coupe » dans le temps, là même où nous en sommes de son épaisseur obscure.

Le théâtre n'aurait des ingrédients si complexes, si aléatoires, que parce qu'il noue l'éternité, l'instant et le temps. Et sa destination serait :

— l'élucidation de l'instant par une rencontre avec l'éternel ;

— l'orientation dans le temps par l'effet après coup de cette rencontre.

On serait mieux capable de s'orienter dans le temps, dès lors qu'on a expérimenté l'instant comme pensée (faut-il dire : de même que l'instant insurrectionnel fait éclaircie durable pour nos tâches dans le temps ? Et n'a pas d'autre fonction qu'une telle éclaircie ? Mais qu'est-ce qui, dans cette analogie, représente l'éternel ? Qu'est-ce qui est *historiquement* éternel ? Peut-être justement la politique *elle-même* ? Telle que dans son texte ?)

LXXX

Cette expérience, cette fiction localisée d'une image de la politique qui conjoint, dans l'effort d'advenir comme spectateur, l'instant, le temps et l'éternité, elle nous est si fondamentale, si précieuse, qu'il est inadmissible qu'elle ne soit réservée qu'au petit nombre.

Le « problème » du public de théâtre (sa disparition, ou presque, sa maigreur, son identité…) a d'abord été posé dans les termes de l'analyse de classe : il fallait faire venir au théâtre, par des politiques de bas prix et d'alliance avec les syndicats, les exclus des banlieues. Ou bien il fallait « tourner » dans les bourgs et les villages. Époque du théâtre populaire, de la culture pour tous, du théâtre comme universalité au-dessus des classes. Il fallait des salles austères, du béton précontraint, la visibilité des machines, la répudiation des velours et des ors, l'anéantissement des loges où les dames établissaient leurs décolletés. On a perdu les velours, les ors et les décolletés, sans voir venir en foules réelles les bleus ni les casquettes, et moins encore tout le prolétariat moderne effectif, ces intellectuels profonds aux vies d'une inimaginable complexité que sont nos Marocains d'usine, nos Algériens, nos Sénégalais et Maliens, nos Turcs, nos Yougoslaves, nos Pakistanais, etc. L'égalitarisme distributif n'a pas établi son empire sur les salles.

On a ensuite tout bonnement capitulé, après le court

entracte du théâtre militant, de rue, de tréteaux, d'agit-prop, esquissé dans la descendance de Mai 68. Le théâtre s'est stabilisé comme activité « middle class », encerclé par le « *théâtre* » bourgeois et le « *théâtre* » télévisuel, lesquels communiquent dans une sorte de marigot consensuel où quelques acteurs immuables trépignent dans quelques immuables histoires avachies.

LXXXI

On peut évidemment soutenir que le théâtre ne rassemblera des foules réelles que quand il y aura, politiquement édifié, un réel des foules. Le théâtre est, je me permettrai ce mot dont l'usure est sans remède, le type même de la fiction communiste. Élucidation temporelle, il pourrait servir d'analyseur intime de ce que la foule détient de sens, et de projection du conflit qui la constitue. Il pourrait être, dans l'évanouissement des lumières, la scintillation difficile d'un état des choses publiques, et mieux encore : la distribution controversable des choses publiques et des choses privées.

Mais que faire en attendant ?

LXXXII

Je propose ici ma deuxième réforme, d'une ampleur qui fait plaisir à voir. Elle tient en un mot : *la présence dans les salles de théâtre doit devenir obligatoire.*

LXXXIII

Il faut, pour réaliser cette importante réforme de la moralité publique, prendre appui sur nos traditions nationales jacobines. J'ai assez montré le lien nécessaire du théâtre et de l'État pour que cet appui perde tout son arbitraire apparent.

On partirait évidemment de la Comédie-Française, institution régalienne qui défie le temps. Elle aurait d'abord charge d'établir, dans chaque préfecture, une succursale, un Théâtre français départemental, doté de moyens adéquats, d'une troupe permanente, d'un administrateur nommé par le pouvoir politique, etc.

Outre son activité dans le Grand Théâtre de la préfecture (théâtre vaste, luxueux, offrant *à tous* les ors et les velours de la tradition), chaque théâtre départemental serait tenu d'organiser, dans les bourgs de quelque importance du département (à partir, disons, de

3 000 habitants), au moins quatre représentations annuelles, trois pièces du répertoire et une création.

Bien entendu, des autobus spéciaux — le service du ramassage théâtral — sillonneraient les villages avoisinants pour amener au bourg les populations quand le théâtre départemental y officie.

LXXXIV

Quels seraient, une fois mise en place cette logistique, les formes et les moyens de l'obligation théâtrale ?

Tout résident âgé de plus de 7 ans, sauf cas de force majeure, serait tenu d'assister à quatre représentations par an au moins.

Le théâtre serait évidemment gratuit. Certes, outre son évidente laïcité, le théâtre populaire des années cinquante souhaitait déjà la gratuité. Mais, dans le modèle Jules Ferry, il avait oublié l'essentiel : l'obligation.

Le contrôle n'aurait, à l'entrée, que la tâche d'apposer son tampon officiel sur la carte de théâtre que tout résident reçoit au début de chaque année.

Les récompenses et les sanctions doivent toujours toucher à l'essentiel : la carte de théâtre serait jointe à la déclaration d'impôts. Les spectateurs particulièrement zélés, dont la carte est constellée de tamponnages, auraient droit à de substantiels abattements. Les récalcitrants, qui sont en dessous des obligations théâtrales légales, paieraient en revanche une amende forfaitaire douloureuse, dont le produit serait entièrement affecté au budget du théâtre.

LXXXV

Une telle débauche de théâtre suppose une véritable effervescence de la création. L'État organiserait tous les ans un grand concours public d'écriture de pièces de théâtre. Un jury international composé de dix metteurs en scène notoires sélectionnerait au moins vingt pièces, qui seraient jouées dès l'année suivante sur l'ensemble du territoire national. Le succès public de ces pièces, attesté non par la fréquentation (toujours maximale, vu l'obligation), mais par le sentiment étudié des spectateurs, de la critique, etc., commanderait leur inscription au répertoire.

Faudrait-il distinguer, comme autrefois dans le concours d'entrée au Conservatoire, un concours de comédie et un concours de tragédie ? Cette question des *genres* du théâtre est à la fois capitale et obscure.

LXXXVI

Dans la Comédie, tout ce qui se rattache à l'éternité, on l'a dit depuis longtemps, relève du phallus, c'est-à-dire de ce dont se soutient qu'il y ait de la signification. L'instant théâtral comique est fait de la monstration du phallus, de l'éternité mise à la farce d'une cabriole où l'on en entrevoit le peu de gloire.

L'éternité latente au texte de comédie dessine un répertoire de fonctions, un trésor symbolique fixe et immémorial, le Père barbon, l'Amoureux, le Parasite, la Mégère, le Soldat fanfaron, le Pédant, l'Avare, etc. : tout le « il y a » de la signification sociale générique. L'instant l'épingle à la scène. L'effet d'orientation temporelle résulte de ce que les fonctions et emplois entrent en rapport avec ce qu'on peut appeler un « personnage diagonal », qui est moins une fonction que le point nul où toutes les fonctions sont réfléchies comme telles. Il s'agit de l'esclave subtil, du valet fourbe, chargé de *dissoudre* sous nos yeux la connexion fixe des significations, par le moyen d'un savoir social infini.

Une comédie moderne devrait nous dire où nous en sommes du sérieux social et de sa dissolution.

Malheureusement, le social est, dans nos régimes, tabou. Il est devenu une catégorie étatique, il est l'objet d'innombrables *garanties*. Or il ne saurait y avoir de comédie inoffensive, je veux dire : de comédie qui n'offense personne. Comment disposer sur scène, avec la violence requise, du Syndicaliste, du Parlementaire, du Curé, du Médecin, du Journaliste, mais aussi bien de Mitterrand, de Jean-Paul II ou de Deng Xiaoping? La Comédie, c'est bien autre chose que les chansonniers. Elle dit l'envers des significations, elle inflige des blessures sans remède. Aujourd'hui, le moindre Aristophane serait traîné devant les tribunaux pour diffamation, et la pièce serait interdite en référé, avec astreinte. Il ne peut y avoir de comédie, au sens classique, là où les corporations et les particuliers sont détenteurs d'un droit sur leur image publique.

On peut en outre douter que nos sociétés présentent de quoi alimenter la diagonale dissolvante. Dans une pièce inédite, *Ahmed le subtil*, j'ai proposé le recours à l'ouvrier arabe pour occuper cette place. Mais ce n'est qu'une hypothèse*.

Le vrai est qu'il n'y a pas pour l'instant de comédie moderne (ce qui ne veut pas dire qu'il n'y a pas de pièce drôle, c'est une autre question).

LXXXVII

Dans la Tragédie, l'éternité est celle de l'être et non celle du phallus. Mais l'être est indifférent aux significations. Ce qu'il y a d'éternel dans le tragique relève du non-sens dont le nom est: Destin. L'instant scénique du destin ne peut être que la mort. Si cet instant mortel nous instruit sur le temps, c'est qu'il établit un rapport entre le vouloir (sur fond de vouloir-mourir) et le non-sens qui le déjoue. Le jeu tragique représente le sujet non sur le fond complice et dérisoire des significations (comédie), mais sur le fond neutre de l'être.

La tragédie nous parle de : Être et Temps, *Sein und Zeit*. Elle nous demande de penser où nous en sommes, dans le temps historique, de notre rapport à l'être. On peut aussi dire qu'elle exige que nous fassions le point sur l'histoire de la vérité.

C'est un signe de la comédie qu'elle fait rire, mais ce qui fait pleurer ne fait pas signe pour la tragédie. Terreur et pitié ? Plutôt angoisse et courage, l'angoisse de ce que l'être excède tout sens, le courage d'inscrire cependant ne fût-ce qu'une vérité.

Le héros tragique est toujours celui qui choisit la vérité plutôt que le sens. La mort n'est dans cette affaire qu'une figure de théâtre, le côté esthétique de l'opération. La mort est cette commodité figurale qui fait du choix entre le sens et la vérité, sur scène, une élucidation de l'instant*.

Une tragédie moderne est-elle possible ? Plus aisément sans doute qu'une comédie moderne. L'obstacle est le consensus « démocratique », le consensus du droit. Il ne peut y avoir de tragédie dans le modérantisme du droit. La tragédie peut raconter l'origine d'un droit (Eschyle, *L'Orestie*) ou sa déchéance (bien des tragédies de Shakespeare), non s'inscrire dans sa célébration. Déjà les tragiques grecs, qui vivaient au régime de l'agora, en appelaient à d'antiques monarques. J'ai utilisé ce point pour établir la connivence du théâtre et de l'État, mais on peut aussi l'employer au discernement de ce que la tragédie a d'âprement non consensuel.

Une tragédie moderne devrait inéluctablement nous convoquer à penser le non-sens du droit. Dans l'instant de la mort (mais qui donc aujourd'hui peut mourir sur scène ?), elle dirait que la « démocratie » est le contraire des vérités. Ou plutôt, elle nous indiquerait, sur fond de non-sens, et dans un état paroxystique de l'histoire des vérités, un *autre sens* de « démocratie », un sens compatible avec l'événement du vrai, un sens qui n'est pas, justement, la dégoulinade du sens, et qui ne confond pas avec la pensée le conflit morose des opinions et des intérêts.

Pour l'instant, il n'y a pas de tragédie moderne.

LXXXVIII

Ni tragique ni comique, le théâtre contemporain s'oriente vers de simples *déclarations*. C'est le statut des fables de Beckett, hantées par le monologue. Déclarations portant sur ce qu'il y a (pas grand-chose, mais pas non plus rien), sur ce qu'il n'y a pas (ni comédie ni tragédie) et sur ce qu'il pourrait y avoir (d'abord, sans doute, une tragédie moderne). Le théâtre contemporain désire le tragique, sans en avoir encore les moyens. Il désire offenser les significations, il désire le comique, mais il n'en a pas non plus les moyens. Il est entre deux, tragédie désirée, comédie mesurée.

Mais qu'il en soit autrement ne dépend pas de lui. Viendra son heure, avec la nôtre. Non calculable, mais par-dessus le marché d'un labeur, celui de l'action restreinte. Où l'on tient dans la balance du sens *quelques* vérités.

LXXXIX

Le théâtre vaut preuve pour tout état réel, présent, du lien de l'être et de la vérité. Preuve valide même quand le théâtre sur tel ou tel point entre en défaillance, ce qui est notre situation.

Écoutons pour finir cette parfaite définition de l'acte théâtral, par Mallarmé :

« Ceci devait avoir lieu dans les combinaisons de l'Infini vis-à-vis de l'Absolu. Nécessaire — extrait l'Idée. Folie utile. Un des actes de l'univers vient d'être commis là. Plus rien, restait le souffle, fin de parole et geste unis — souffle la bougie de l'être, par quoi tout a été. Preuve*. »

Mallarmé ajoute : « creuser tout cela ». En effet. Creuser.

Notes, références, repentirs

J'ai librement utilisé, pour ce petit livre, des textes publiés en particulier dans la revue *L'Art du théâtre*.

Cette revue, dont Antoine Vitez était le directeur, et dont Georges Banu était l'animateur, a publié dix numéros entre 1985 et 1989. Elle est (provisoirement?) suspendue. Elle se soutenait d'une coédition du Théâtre national de Chaillot (dans son époque Vitez) et d'Actes Sud.

Je remercie cette revue d'avoir, par son existence même, liée à tout ce que Chaillot eut d'essentiel entre 1980 et 1988, entretenu mon goût d'écrire, comme spectateur et comme auteur, sur l'étrangeté du théâtre.

Les quelques notes qui suivent renvoient à la numérotation des paragraphes.

VI. Les textes de *Divagations* de Mallarmé, et non pas seulement la sous-section titrée *Crayonné au théâtre*, contiennent une méditation articulée et complexe sur le théâtre, une des plus profondes qui soit, située entre la théorie de l'écriture (ou du Livre) et la théorie de la société. Pour Mallarmé, le théâtre touche simultanément au mystère dans les lettres et au mystère du collectif, ou de la foule. Le poème, dans sa vocation essentielle, est donc confronté au théâtre comme à la seule fiction *publique* qui, d'origine, rivalise avec lui.

Rappelons que *L'Après-midi d'un faune* a d'abord été écrit pour la scène, et que *Hérodiade* devait être ce que je nomme (au paragraphe 87) une « tragédie moderne ». Cette tragédie n'a pas eu lieu, ni le Livre dont elle devait être une partie centrale.

XXVIII. La Révolution culturelle, sur laquelle on raconte aujourd'hui d'innombrables et féroces bêtises (ce qui est normal en un temps où l'économie de marché se présente comme la suprême valeur collective et éthique), a donné lieu à d'intenses débats sur la signification du théâtre. Des centaines de textes, à la fois passionnants et brutaux, comme sont les textes révolutionnaires, ont paru sur le sujet entre 1965 et 1976. Puisque plus personne ni ne les lit, ni n'en connaît l'existence, citons-en quelques-uns :

— *Procès-verbal des causeries sur le travail littéraire et artistique dans les forces armées* (brochure contenant des textes de 1964 à 1967) ;

— *À propos de la révolution dans l'Opéra de Pékin* (*idem*).

— *À propos du « système » de Stanislavski* (1970).

XXX. Publicité personnelle : le texte complet de *L'Écharpe rouge* a paru en 1979, aux Éditions Maspero (devenues depuis les Éditions La Découverte).

XXXIII. Je n'ai sans doute pas mentionné comme il devrait l'être le théâtre irlandais. Les pièces de Sean O'Casey sont parmi les rares exemples de théâtre dont l'articulation historique précise (la lutte, nationale et sociale, des Irlandais) ne bloque pas l'universalité. Et *Le Baladin du monde occidental* de Synge en une pièce merveilleuse. Je garde le souvenir d'une poétique et consistante représentation, agencée naguère par Brigitte Jaques.

Je voudrais aussi signaler que la pièce de Przybyszewski, *L'Affaire Danton*, a été traduite et publiée par les Éditions L'Âge d'homme.

XLI. J.-L. Barrault puis A. Vitez ont finalement monté le texte intégral du *Soulier de satin*. Ils ont ainsi démontré qu'il s'agissait d'un texte de théâtre. Sur l'événement que fut la réalisation de Vitez, on lira, dans la même collection que le présent livre, celui de F. Regnault, *Le Théâtre et la Mer*. On y trouvera, entre autres choses précieuses, une réflexion un peu différence de la mienne sur le lien entre le théâtre et l'État, et sur la conjoncture présente de ce lien.

XLIII. Sur le concept de la politique tel que l'a repensé Sylvain Lazarus, il faut lire les trois courts textes que voici (tous dans la collection « Les conférences du Perroquet », Éditions Potemkine) :
— *Peut-on penser la politique en intériorité ?*
— *La Catégorie de révolution dans la Révolution française.*
— *Lénine et le temps.*

XLVI. Les formules de la sexuation selon Lacan se trouvent en particulier dans le Séminaire 20, titré *Encore*, au chapitre VII (Éditions du Seuil).

LI. Repentir. J'aime vraiment beaucoup, aussi, les pièces d'Aimé Césaire. Dans le théâtre de Handke, il y a des fragments qui me touchent, qui ne ressemblent à rien d'autre, je pense au monologue de l'ouvrier («caoutchouc! caoutchouc!») dans *Par les villages*. C'est la forme d'ensemble et la prédication qui me consternent. Que penser à la fin des fins de García Lorca? La pièce de Djuna Barnes, *Antiphon* (traduction de Natacha Michel disponible aux éditions L'Arche), est un morceau d'écriture étonnant. Ce n'est pas rien que l'invention, par Eugene O'Neill, de tout le mélodrame américain, mélange presque écœurant de cuisine familiale et de psychanalyse au lance-pierres. Il y a les Irlandais, je l'ai déjà dit ci-dessus. Est-il honnête de dissimuler, sous prétexte que depuis fort longtemps on n'y a pas été voir, que, dans ma jeunesse, certaines pièces de Ionesco (*Les Chaises*) ou de Sartre (*Le Diable et le Bon Dieu*) m'ont vivement frappé ? Et ainsi de suite. Cependant, il faut périodiquement refaire son Panthéon, si même c'est avec un empressement suspect qu'on jette à la voirie des ossements autrefois honorés.

LIX. La fonction du travesti, si importante au théâtre, éclaire, dans ses détours et difficultés, la dialectique de l'actrice. On lira là-dessus, à propos du *Triomphe de l'amour* dans sa version Vitez, les remarques de Judith Balso (dans le quinsomadaire *Le Perroquet*).

LX. Repentir. Je voudrais tout de même ajouter *in extremis* la performance incroyable de Dominique Valadié dans le monologue de la Lune (*Le Soulier de satin*, Claudel/Vitez).

LXXVIII. L'idée du théâtre comme opérateur d'orientation historique a été développée par Vitez dans une conférence (non publiée) du Perroquet.

LXXXVI. Publicité personnelle : la pièce *Ahmed le subtil* a été lue par Vitez à Chaillot en 1988. J'affirme sous serment que le public était mort de rire.

LXXXVII. Il est très frappant de constater que les personnages de Beckett ne meurent jamais. Il y a là comme le constat (amer) d'une impossibilité contemporaine de présenter le « mourir » sur scène, du même dans la coulisse.

LXXXIX. La phrase de Mallarmé vient des notes préparatoires au texte inachevé *Igitur*.

Note de l'éditeur : *une première version de l'ouvrage présenté ici a paru de manière confidentielle, en 1990, aux Éditions de l'Imprimerie nationale. La préface d'Alain Badiou, intitulée « Gloire du théâtre dans les temps obscurs », est inédite et a été rédigée spécialement pour la présente édition. L.D.S.*

Table

Gloire du théâtre dans les temps obscurs   7

Rhapsodie pour le théâtre, de I à LXXXIX 19

Notes, références, repentirs. 125

Cet ouvrage a été composé par IGS-CP
à L'Isle-d'Espagnac (16)

Imprimé en France
par JOUVE
1, rue du Docteur Sauvé, 53100 Mayenne
février 2014 - N° 2147469C

JOUVE est titulaire du label imprim'vert®